AF200292

Franz Ritter von Miklosich

Geschichte der Lautbezeichnung im Bulgarischen

Franz Ritter von Miklosich

Geschichte der Lautbezeichnung im Bulgarischen

ISBN/EAN: 9783743673380

Hergestellt in Europa, USA, Kanada, Australien, Japan

Cover: Foto ©ninafisch / pixelio.de

Weitere Bücher finden Sie auf **www.hansebooks.com**

GESCHICHTE

DER

LAUTBEZEICHNUNG IM BULGARISCHEN.

VON

Dr FRANZ MIKLOSICH

WIRKLICHEM MITGLIEDE DER KAIS. AKADEMIE DER WISSENSCHAFTEN.

WIEN, 1883.

IN COMMISSION BEI CARL GEROLD'S SOHN
BUCHHÄNDLER DER KAIS. AKADEMIE DER WISSENSCHAFTEN.

Die Abhandlung zerfällt in folgende Theile. Auf eine Einleitung, die sich mit allgemeinen Fragen beschäftigt, folgt der erste Theil: Betrachtung der einzelnen besonderer Untersuchung bedürftigen Laute; der zweite enthält Proben der Lautbezeichnung in zusammenhangender Rede; der dritte hat einen Vorschlag der Lautbezeichnung zum Gegenstande.

Einleitung.

Noch immer wird Bulgarien von manchen als die Wiege der slavischen Liturgie und die Sprache des bulgarischen Volkes in der Form, die ihr ohne irgend einen Beweis für das neunte Jahrhundert zugeschrieben wird, als die Grundlage der slavischen Kirchensprache angesehen. Demnach wird diese Sprache altbulgarisch genannt, dieselbe Sprache, die von anderen, in Übereinstimmung mit der einheimischen Benennung und mit dem Zeugniss Papst Joannes VIII. vom Jahre 880, der von litterae sclaviniscae spricht, die slovenische, slovênьskyj językъ, und zum Unterschiede vom heutigen Slovenisch altslovenisch geheissen wird.

Die Frage hat dem Gesagten gemäss eine zweifache Seite: eine historische und eine sprachliche.

1. Es ist vor Allem die Frage zu stellen: Wo ist die slavische Liturgie entstanden? Diese Frage muss zu Gunsten Pannoniens beantwortet werden. Dafür sprechen gleichzeitige, über alle Anfechtung erhabene und von Niemand angefochtene Quellen. Dies ist hinsichtlich Bulgariens nicht der Fall: in den Verhandlungen mit dem Papste Nicolaus I. († 867) ist nur von lateinischen und griechischen Priestern die Rede; eine slavische Liturgie wird nicht erwähnt. Dass die slavische Liturgie in Bulgarien nach der Vereinigung dieses Landes mit der griechischen Kirche eingeführt worden sei, können nur jene behaupten, die, im Widerspruch mit aller Geschichte, der griechischen Kirche gegen jede nichtgriechische Liturgie eine geringere Abneigung zuschreiben, als

die römische Kirche gegen jede nichtlateinische an den Tag legte. Um die slavische Liturgie für Bulgarien zu vindiciren, beruft man sich darauf, dass gottesdienstliche Bücher in die bulgarische Sprache übersetzt worden seien: obgleich aus dem letzteren Satz der erste durchaus nicht gefolgert werden kann, so wollen wir doch die Behauptung von der Übersetzung der liturgischen Bücher in das Bulgarische einer kurzen Prüfung unterwerfen. Man beruft sich hierbei auf Šafařík, der allerdings 1837 in den slavischen Alterthümern, im Gegensatze zu Kopitar, meinte, die Übersetzung der liturgischen Bücher sei für die griechischen und bulgarischen Slaven von Konstantin begonnen, von seinem Bruder Method und den bulgarischen Gehilfen weiter geführt worden, man ignorirt, dass derselbe Šafařík 1858 in der lehrreichen Abhandlung ‚Über den Ursprung und die Heimat des Glagolitismus‘ seine Ansicht ausdrücklich widerrief, offen bekennend, er habe sich in Macedonien wie in einer Sackgasse verrannt. Una manus vulnus opemque tulit. Šafařík, dessen fruchtbare und erfolgreiche wissenschaftliche Thätigkeit in drei durch die Jahreszahlen 1833, 1835, 1869 zu bezeichnende Perioden zerfällt, ist in der dritten Periode in vielen Punkten zu den Resultaten der ersten zurückgekehrt. Herr K. J. Jireček, Geschichte der Bulgaren 158, lehrt, dass der genaue Zeitpunkt, wann slavische Liturgie und slavische Kirchenbücher nach Bulgarien gebracht wurden, unbekannt, dass nur so viel ausser Zweifel gestellt ist, dass sie in den letzten Jahren des Boris († 907) dort bereits heimisch waren.

2. Was die sprachliche Seite der Frage anlangt, so meinen viele, Konstantin und Method hätten die Übersetzung der heiligen Bücher in Bulgarien mindestens begonnen und berufen sich zum Beweise des bulgarischen Ursprungs der Kirchensprache — und dies that schon Šafařík — auf die vermeintlich nur dem Bulgarischen bekannten Laute št und žd aus tj und dj, ohne zu bedenken, dass das Magyarische mostoha, pest, palast und rozsda, d. i. moštoha, pešt, palašt und rožda für aslov. mašteha, peštь, plaštь und rъžda bietet, Worte, die die Magyaren nur aus der Sprache der früheren Bewohner Pannoniens, der Slovenen, entlehnt haben können. št und žd bilden nach der Ansicht Einiger den unwiderlegbaren Beweis für den bulgarischen Ursprung der slavischen Kirchensprache.

Andere meinen, Konstantin habe die beim Gottesdienste nothwendigen Schriften allerdings erst in Pannonien, jedoch in die von ihm in Thessalonich erlernte Sprache der Bulgaren übersetzt. Diese Ansicht scheitert an dem Umstande, dass Konstantin schon in seinem vierzehnten Jahre nach Konstantinopel gebracht wurde, in einem Alter, in welchem die Sprachkenntniss nur wenig umfangreich sein kann und gewiss nicht genügte zu einer früher von Niemand versuchten Übersetzung christlicher Lehren in das Slavische. Diesen Grund werden auch diejenigen gelten lassen müssen, die Konstantin für einen Slaven halten.

Auf die Anwendung der Volkssprachen in der Kirche hat das frühe Mittelalter weit weniger Gewicht gelegt, als man heutzutage — seit dem sechzehnten Jahrhundert — wenigstens theoretisch thut. Selbst das Symbolum und das Gebet des Herrn sollten lateinisch gelernt werden: et qui aliter non potuerit, vel in sua lingua discat, sagt das Mainzer Concil von 813.[1] Erdrückender als in dem von germanischen und

---

[1] Selbst im neunzehnten Jahrhundert lernten und lernen Tausende von slavischen Kindern den Katechismus deutsch, ohne einen einzigen Satz zu verstehen.

romanischen Völkern bewohnten Westen das Ansehen des Lateinischen war im Osten das Gewicht des Griechischen. Und was die unter veränderten Verhältnissen entstandene Legende uns auch erzählen möge, die Brüderapostel haben beim Antritt ihrer Wanderung nach Pannonien schwerlich daran gedacht, der Landessprache über eine enge Gränze hinaus Eingang in die Kirche zu verschaffen. Eine slavische Liturgie wäre auch ihnen als eine Ungeheuerlichkeit erschienen. Doch der Mensch wächst mit seinen höheren Zwecken, die ihm durch Umstände zugewiesen werden.

Dass das heutige Bulgarisch von dem Altslovenischen der ältesten Denkmäler durch eine breite Kluft getrennt ist, werden wohl Alle zugeben, die auch nur davon eine Kenntniss haben, dass das Bulgarische unserer Tage der Declination fast ganz entbehrt: was es davon bewahrt hat, beschränkt sich, abgesehen vom Pronomen, das auch in den romanischen Sprachen am Alten festhält, auf einige Überbleibsel, zu denen vor Allem der sing. voc. (Vergl. Grammatik 3. 181) und die, wie behauptet wird, im macedonischen Dialekte besser erhaltene Declination der Eigennamen gehört, aus alter Zeit. Wer auf diesen Umstand und auf phonetische Differenzen hindeutet, dem wird entgegnet, diese Differenzen hätten im neunten und zehnten Jahrhundert noch nicht bestanden: aus dem Altslovenischen habe sich die heutige Sprache der Bulgaren entwickelt. Wenn man jedoch die unzweifelhaft in Bulgarien von Bulgaren geschriebenen Denkmäler prüft, so überzeugt man sich leicht, dass es kein noch so altes Sprachdenkmal gibt, das nicht Spuren der heutigen Sprache darböte. Dies ist der Fall bei der Trojanska priča aus dem vierzehnten Jahrhundert; es gilt von dem Trnover Evangelium von 1270; es muss ebenso vom Psalter von Bologna aus dem zwölften Jahrhundert behauptet werden. Vergebens jagen wir einem aus Bulgarien stammenden Denkmale nach, dessen Sprache man altslovenisch zu nennen berechtigt wäre. Was Šafařík vor einem halben Jahrhundert vom Serbischen nachgewiesen hat, nämlich ‚das Vorhandensein des serbischen Dialektes in der an das Jahrhundert des Cyrillus und Methodius zunächst gränzenden Zeitperiode', dasselbe gilt, auch nach Šafařík's Meinung, vom Bulgarischen und von allen übrigen slavischen Sprachen. Und wenn derselbe Šafařík 1835 meint, das jetzige oder Neubulgarische habe sich erst seit dem schrecklichen Verfall des bulgarischen Reiches, nach 1019, zu bilden angefangen, und habe sich viel später, vollends seit der türkischen Invasion ausgebildet — ihm sei altbulgarisch und kyrillisch (altslovenisch) stets identisch gewesen — so irrt er. Was die bulgarischen Handschriften specifisch altslovenisches haben, das verdanken sie ihren altslovenischen Vorlagen, die entweder in Pannonien entstanden sind oder pannonische Slovenen in Bulgarien zu Urhebern hatten. Wenn man sagt, die slavische Liturgie sei zu wenig pannonisch und zu viel griechisch, als dass man ihr einen exclusiv pannonischen Ursprung zuschreiben könnte, so wolle man die Kiever Fragmente beachten, die ein Stück römischer Liturgie enthalten; man erinnere sich der zahlreichen Verstösse gegen die elementarste Kenntniss des Griechischen, wie wenn θήρα in Folge der Verwechslung mit γήρα durch vьdovica wiedergegeben wird; man vergesse endlich nicht die aus dem althochdeutschen stammenden kirchlichen Termini, und man hat Gründe genug zur Behauptung, die slavische Liturgie sei pannonisch, nicht griechisch. Und das Alphabet, ich meine das glagolitische, ist ein Räthsel, das ungelöst bleibt, man mag hinsichtlich des Ursprungs der Liturgie der griechischen oder der pannonischen Hypothese anhangen. Die Homilie des Bischofs Klemens († 916), die manches mit einem der Freisinger Denkmäler Zusammen-

1*

fallende enthält, ist katholischen Ursprungs; dafür spricht die Darstellung, wodurch sich dieselbe von den Homilien der griechischen Kirche in dem Masse unterscheidet, dass der griechische Biograph des Bischofs im zehnten Jahrhunderte nicht umhin konnte, darauf hinzuweisen mit den Worten: λόγους συντεθεικὼς ἁπλοῦς καὶ σαφεῖς καὶ μηδὲν βαθὺ μηδὲ περινενοημένον ἔχοντας, ἀλλ' οἵους μὴ διαφεύγειν μηδὲ τὸν ἠλιθιώτατον ἐν Βουλγάροις. Vergl. Jagić, Archiv I. 452. III. 354. Meine Abhandlung: Die christliche Terminologie der slavischen Sprachen 2. 3. 6. 7 (Denkschriften, Band 24). Beiträge zur altslovenischen Grammatik (Sitzungsberichte, Band 81). Altslovenische Formenlehre in Paradigmen: Einleitung.

Keine von den heutigen slavischen Sprachen kann sich unmittelbarer Abstammung vom Altslovenischen rühmen: am nächsten stehen demselben jedoch das Neuslovenische, das Bulgarische und das nun ebenfalls ausgestorbene Dakoslovenische. Alle diese Sprachen sind zurückzuführen auf die Sprache der Σκλαβηνοί von Prokopius, der Sclaveni von Jordanes, ein Name, der ursprünglich nicht, wie angenommen wird, alle Slaven unter sich begriff, sondern nur den Stamm der Slovenen bezeichnete. Aus der Sprache der Slovenen entwickelten sich die Idiome der Vorfahren der heutigen Bulgaren; derjenigen Slovenen, die bis in dieses Jahrhundert am linken Ufer der unteren Donau ihre Sprache bewahrten; der pannonischen Slovenen, deren Sprache die Grundlage der Kirchensprache wurde, und der Alpenslovenen, deren Sprache noch jetzt in den östlichen Theilen des Sprachgebietes die slovenische heisst. Nur im äussersten Osten und im äussersten Westen hat sich demnach bis zum heutigen Tage die Sprache der Slovenen erhalten, deren Wohnsitze sich ehedem von den Thoren Konstantinopels bis in das Gebiet der Bajovarier — schwerlich ohne Unterbrechung — erstreckten. Die Verschiedenheiten des Altslovenischen, des Neuslovenischen und des Bulgarischen beruhen entweder auf nicht von aussen hervorgerufenen sprachlichen Entwickelungen, die erst seit dem sechsten Jahrhundert hervorgetreten sind, oder auf Erscheinungen, die ihren Grund in der Sprache derjenigen Völker haben, mit denen die Slovenen verschmolzen. Zu den Differenzen der ersten Art rechne ich die aus *tja* und *dja* entstandenen Laute: aslov. *šta* und *žda* aus *tša* und *dža*; bulg. ebenso; nslov. *tša* und *ja* aus *dja*, durch Ausfall des *d*. Bei den nicht zum slovenischen Stamm gehörenden Serben wird *ća* und *ďa* aus *tja* und *dja*. Und wenn im Russischen *tja* und *dja* wesentlich die gleichen Resultate ergeben, so folgt daraus nicht die Slovenität der Russen, sondern nur so viel, dass die Russen, im Gegensatze zu den Serben und in Übereinstimmung mit den pannonischen Slovenen, *j* in *tja* und *dja* in *ž* verwandelten. Demnach hätten wir als urslovenisch anzusetzen: *prátija* oder *prátja; médija* oder *médja* für aslov. *prašta, mežda*. Was die zusammengesetzte Declination anlangt, so mag schon urslovenisch ein zweifacher Typus bestanden haben: *ajego, ujemu* neben *ojego, ojemu*, denn wir haben aslov. *ajego, ujemu* und *aago, uumu* neben nslov. *ega, emu;* bulg. *ego, emu* neben *ogo, omu*. Vergl. Grammatik III. 54. 151. 183. Auf ethnischer Grundlage scheint jene Differenz zu beruhen, die in der Verwandlung des unbetonten *a* in den sogenannten unbestimmten Vocal im Bulgarischen besteht. Der ethnische Ursprung dieser Eigenthümlichkeit des Bulgarischen wird durch die gleiche Wandlung im Albanischen und im Rumunischen mindestens wahrscheinlich gemacht.

Trotz der Differenzen zwischen Altslovenisch und Bulgarisch ist das letztere zur genauen Kenntniss des ersteren von hoher Wichtigkeit: es ist eben die Sprache desselben Stammes, des Slovenischen.

Die hier angedeuteten Fragen werden verschieden beantwortet: die Anhänger der griechischen Kirche neigen der bulgarischen, die Anhänger der römischen Kirche hingegen der pannonischen Hypothese zu. ‚Nach einem Jahrtausend‘, sagt ein russischer Schriftsteller, ‚gehören Kyrill und Method noch nicht endgiltig der Vergangenheit an; auch heutzutage, im neunzehnten Jahrhundert, sind ihre Namen unzertrennlich verbunden mit den Fragen, Ansichten und Leidenschaften der slavischen Welt‘. Die Wissenschaft achtet der kirchlichen Schranken nicht: ausgezeichnete russische Schriftsteller haben freimüthig und scharfsinnig die pannonische Hypothese verfochten.

Erster Theil. Betrachtung der einzelnen Laute.

I. 'Ь. Ъ.

Dem aslov. ъ steht bulg. der Laut ę, indefinite vowel bei Lepsius 49, unbestimmter Vocal bei Brücke 30, gegenüber: ę ist der Lautwerth auch des aslov. ъ. Dass im bulg. мъст der Buchstabe ъ den Laut des u im engl. thus, d. i. des ę, hat, bemerkt der englische Missionär in Bulgarien C. F. Morse ausdrücklich. H. Sweet, A handbook of phonetics, bezeichnet den Laut durch v.

ъ wird hie und da wie o ausgesprochen: соп, ложа: aslov. sъnъ, laža; добор steht für добър: aslov. dobrъ per.-spis. XI. XII. 160. 161. соборо čol. 103: aslov. sъborъ tъ. hʌʌɔτ. σόν, сѡ, áρσλανϙ τ, κράï̈o τ, τζόεχϙ τ dan. kumo t, starosvato t per.-spis 1882. 181. kontošo kač. 530. gyaulo t, liabo t, csliako t dslov. Vergl. Grammatik 1. 362. u steht für ъ in седум, осум; сум neben cy sum milad. σέτоομ, ότσοομ, σόόμ dan.

Der Laut ę wird kyrillisch durch ж, ь und a, in lat. Quellen durch a, ä, in griech. durch ʌ ausgedrückt: dieser Laut spielt in der bulgarischen Lautlehre eine hervorragende Rolle.

Manche Bulgaren behaupten, ihre Sprache besitze einen von ъ verschiedenen, durch ь zu bezeichnenden Laut. Meinem Ohre blieb derselbe unfassbar. Andere behaupten, ь sei im Inlaute überflüssig, indem ъ und ь da ganz gleich lauteten (звукъ съвършено сдинакъвъ per.-spis. II. 28); im Auslaute jedoch sei ь nothwendig за отличие меко то свършанне на думи тѣ, dieser weiche Auslaut werde in den meisten Gegenden Bulgariens (в по-вече то български области) gehört: конь, конят, конйо; учитель, учителят, учителйо per.-spis. II. 28. Nach per.-spis. I. 174, Neue Folge, wird für aslov. dьnь in einigen Gegenden дънь, дъньа und anderwärts день, деня gesprochen. Nach Cankof sagt man конет (конс-т) und кон: jenes beruht auf konjъ tъ, dessen jъ in einigen Gegenden wie e lautet oder zu lauten scheint: ich glaubte jъ zu hören. Ich will noch hinzufügen, dass in einer bestimmten Gegend nslov. ъ, ь und ѧ като много тьмно съгжстено a (das ist wohl ę) lauten. I. 175. Indem ich das Gehörte und das Gelesene überlege, komme ich zu folgendem Resultate: ь ist im Inlaute, weil von ъ nicht verschieden, entbehrlich. daher ньстър. тьмсн, тьпък, пькъл: aslov. pъstrъ, tъmьnъ, tьnъkъ, pьklъ: μάσχτ, dan. entspricht aslov. mъsky. Aus Vinga führe ich an сẹ̃ftẹ floreo; ệẹ̃tiha legebant; ệẹ̃li, aslov. ểlь. neben ĉeteš. ệẹ̃stít ehrwürdig. górệk. mẹnẹ̃k, mẹnẹ̃n klein. stẹblo. stẹklô. tẹmninẹ̃. tẹnku. zájẹm aus *zajьmъ. tẹni. aslov. žъnjetъ: daneben den dies, dslov. auch dane, dani, in Vinga lek leicht; odlekne es wird leichter. In älteren Denkmälern ist e für ь häufig. Op. 252. Man beachte тѣvv dies dan. Was vom Inlaute gilt, glaube ich vom Auslaute sagen zu dürfen, indem

n in *kon* in vielen Gegenden hart lautet und erst beim Antritt des Artikels die Folge
chemaliger Erweichung eintritt, daher *kóne t* neben *kónjo t* aus *konjъ tъ*. Was von *kon*,
gilt von allen im aslov. auf ь aus *jъ* auslautenden Nomina: кljуч: кljúче т, кljúⁿjo т;
мъж: мъжó т, мъжjó т; кош: кóше т, кóщjo т; говедáр: говедáре т, говедáрjo т; крáле т
rex. In allen diesen Fällen ist aslov. ь aus *jъ* hervorgegangen: *jъ, jo, e* sind hier historisch. Folge der Analogie sind diese Laute bei jenen Nomina, deren ь im aslov. auf *i*
beruht: денé т, денjó т, in anderen Gegenden денъ т, денó т: aslov. *dъnь*, nicht *dъnъ*.
гребене т, гребенjо т: *grebenь*. óгъне т, óгънjo т: *ognь*. пелíне т, пелíнjo т: *pelynь*. лáкъте
т, лáкътjo т: *lakъtь*. зéте т, зéтjo т: *zętь*. дéвере т, дéвеpjo т: *děverь*. Der Analogie dieser
Nomina folgen вѣзеле т, вѣзеljo т: *ązlъ*. студé т, студjó т und студѣ т: *studъ*. Auslautendes *k* ist im Osten weich, daher gleich dem serb. ћ: кáмнкъ т, кáмнкjo т: *kamykъ*. iазнкïа
т; *bardakъ. ibrikъ. jêzikъ.* Archiv 4. 694. Im Dialekt von Vinga scheinen alle auslautenden *k* in ћ, ć überzugehen: *ldžnić* homo mendax. *čeleć* homo usw. Man merke auch *care,
guspudare, kъhъre* Elend, *krale, pъkъle, kóne, ogъne* und *pъte* der Weg für *care t* usw.
Cankof 10. Man beachte noch *samáре т* Tragsattel. *бостáле т* Kinderschuh. *грѣмеле т*
Donner. *пépele т*. *расóле т* Rindfleisch. *сврédele т* Bohrer. *сопóле т* Rotz. *капóне т*.
хомýте т. Daneben *гóстъ т, тестъ т. дъждъ т*. Dass ich den Artikel vom Nomen trenne
und *мъжé т*, nicht *мъж-óт*, *чрънïкавиjъ т*, nicht *чрънïкави-jъt* schreibe, wird hoffentlich
als theoretisch richtig anerkannt werden.

Das dem auslautenden ъ im aslov. entsprechende bulg. ъ ist vollkommen unnütz;
das Gleiche gilt von ь.

ę ist in zahlreichen Fällen ein Einschub: вѣтър ventus: *veter, vetróve* Vinga. бíстъp:
bíster Vinga. добѣp. мóкъp. мрѣтъв, minder gut мрѣтав. пъкъл. поpасъл. рекъл. съм sum.
крáïо т das Ufer dan. 14: an das dem aslov. *kraj* zu Grunde liegende Thema *krajъ* darf
nicht gedacht werden. ιάγαντζα dan. 3. πώλλνιο т ist *bolnijo t* der Kranke dan. 11.
хóрнιο т *gornijo t* der obere dan. 26. μάτρηο т ό φρόνιμος d. i. *medrio t*, aslov. *mądrъ tъ*.
σφήο т *svijo t* der ganze dan. 6. nach der Analogie anderer Adjectiva: dafür im Dialekt
von Vinga *sat (sъt) nárud* das ganze Volk, d. i. *vъs-ъ-tъ* usw. *drugio t*. *βednio t* ultimus.
vernio t dslov. *tretia t*. Mit abgefallenem *t: náj sterję* der älteste. *kъšnije* mir der
Hausfriede. *dnъšnije* der heutige. *pъrvije* der erste Vinga. *gulъmija. bulnavia* der Kranke.
žuvia der Lebende. *moja brat* mein Bruder ev. aus *moja t brat* zbor. 45. *nasso t (našo t)*
dslov. *vašę žvot* euer Leben Vinga. Der eingeschaltete Vocal fällt vor dem Artikel nicht
aus: *ogъne* das Feuer. *párъ* Klage, *párisvъli, párisan* erinnern an die entsprechenden
rumun. Worte.

Das hier Vorgetragene kann durch die Bemerkungen von M. Drinov, Archiv V.
370—376, vervollständigt werden. Dass sich betontes ę von unbetontem unterscheidet,
ist begreiflich, und dass jenes dem russ. ы ähnelt, erinnert an aslov. *y* durch Dehnung
aus und für ъ: *dyhati* aus *dъh; kysnąti* für das erwartete *kъsnąti*. Eine besondere Bezeichnung des betonten ę halte ich nicht für nothwendig.

Die hier folgenden Texte zerfallen in zwei Kategorien: A. dakoslovenische und
B. eigentlich bulgarische. Die ersteren sind aufgenommen, weil sie den Übergang vom
Altslovenischen zum Bulgarischen bilden: das Dakoslovenische ist ein Slovenisch, das am
linken Ufer der unteren Donau bis zum Beginn dieses Jahrhunderts ein kümmerliches
Dasein gefristet hat. Die eigentlich bulgarischen Texte sind uns entweder in älteren
Denkmälern erhalten, unter denen die Priča, eine Erzählung vom trojanischen Krieg

aus dem vierzehnten Jahrhundert, das älteste ist, das allerdings in vielen Punkten der altslovenischen Tradition folgt; die heutigen Dialekte theilen sich I. in den ungrischen, II. den süd- und III. den nordbulgarischen, deren jeder wieder in zahlreiche Unterdialekte zerfällt. Der Repräsentant des ungrischen Dialektes ist für mich der Dialekt von Vinga, den ich im längeren Verkehr mit einem ebenso intelligenten als verlässlichen Vingaer kennen gelernt habe: die Vingaer sind Katholiken und schreiben ihre Sprache mit lateinischen Buchstaben. Der südbulgarische Dialekt wird mit griechischen, lateinischen und kyrillischen Buchstaben geschrieben: die lateinische Schrift wird in den für die katholischen Bulgaren bestimmten Büchern der Propaganda angewandt. Das von mir benützte griechisch geschriebene Denkmal ist Daniil's Είσαγωγική διδασκαλία 1802. Das Nordbulgarische wird mit kyrillischen Buchstaben geschrieben: Cankof hat in seiner Grammatik jedoch die lateinische Schrift gebraucht.

A. Im dslov. lesen wir a für ъ: lasse laža. ßan sanə. vaz vəzə. a neben e für ь: dane, den, aslov. dьnь.

B. Eigentlich bulgarische Denkmäler.

Bulg.-lab. bietet ь für aslov. ъ: часъ ть. въздаде. дъщи. льганїе. сънь. на сънѣ. свѣть ть. оумь ть: selten ist ъ: лъвовь. лъжа. о: любовь. а: малакъ klein. корема ть. камика ть. на спóа ть óумь. сичкїа ть свѣть. ь für aslov. ь: благочьстивь. почьтѣ. дошьль. тьма. пожьне. с: старець ть. прозорєца ть das Fenster. почесть. безь четь. деннца. Man merke дена ть. óмира ть. огьна ть. пьта ть aus denjə tə usw.

Op.: ь für ъ: въздьхнахь. утькмѣно. Ebenso тъмнцн. Daneben день. весі. темниди usw. Zborn. ь für ъ: лъжа. a für ъ: сась. лажливи. санливь. ьма ть. о für ъ: вовь. е für ь: чете. день. писедь. безвменЬ. Eingeschaltet: добарь.

I. Ungrisch-Bulgarisch.

â, a für ъ: sâs. vaz. â, a für ь: tâmninâ. dušastna Advent-.

II. Südbulgarisch.

Griech. o für ъ: μπόσφη, d. i. bǫčvi, Fässer. λάχοτ. πάπωχο τ umbilicus. οφέτο τ mundus. u für ь: μάσκη muli. ο für ь: όρελω τ aquila. μόλετζο τ tinea. τζέστεν honoratus. τέννια interdiu: aslov. dьnija, nordbulg. dené aus denjə.

Die Bücher der Propaganda bieten: pètak. sànä t: aslov. sənə tə. nisciàna t das Zeichen. sas, säs, sinà t. pàrvia t. flòria t. trètia t. mùdar. e für ь: dèn. slàven. i für ь: vrèdin dignus. vècin aeternus. sädin den. a für ь: pákäla t: aslov. pьklə tə. Milad. a für ъ: снаха. о: пособра. ж für ь: мъгла. е für ь: боленъ. братедъ. дснъ.

III. Nordbulgarisch.

Cankof: ŭ für ъ: bŭble stammle. vŭn. vŭz. dŭšteré. ŭ für ь: mŭnŭn klein. pŭstŭr bunt. e für ь: den. děsen. žénŭ, aslov. žьnjə.

Vuk im Dodatak. ъ und a: дъж, даж pluvia. бачпа. Eingeschaltet: огънь, d. i. ogęń. дóбар. малкија: *malskijə tə. пéсóк. сопь, d. i. soń. сос: aslov. sə. добитоко:. dobytəkə tə; ebenso коремо der Bauch. снно der Sohn. дъжина longitudo steht für dęlźina oder dlęžina. ь wird durch e reflectirt: день, d. i. deń. овсн. овес. пснь, d. i. peń. стебло. вѣтер ist aslov. větrə; крчмаре beruht auf krəčьmarjə tə.

Im per.-spis. 1883. IV. Seite 106 steht ein noch nicht abgeschlossener Aufsatz von A. Teodorov: Za zvuka ‚ь' v novobъlgarskija ezik.

Das Resultat der angestellten Betrachtung lässt sich in folgende Sätze zusammenfassen: 1. Dem aslov. ъ entspricht bulg. regelmässig der Laut ę: *zęl*, aslov. *zslъ*. 2. Derselbe Laut steht dem aslov. ь gegenüber: *pęstęr*, aslov. *pьstrъ*. Das Suffix *ьnъ* wird, wie es scheint, stets durch *en* wiedergegeben: *tęmen*, aslov. *tьmьnъ*. den dies lautet aslov. *dьnь* und *denь*. 3. Es ist historisch richtig, den Laut ę durch ъ zu bezeichnen: die bisherige Schreibung schwankt, abgesehen von o und u, zwischen ь, ж und a. 4. *ję* erhält sich nach Vocalen: *mędriję t;* nach Consonanten kann es schwinden: *kon;* daneben *koń* und *kone t.* 5. Vom urbulgarischen Laut ę ist auszugehen: diesem tritt *a* sehr nahe; entfernter ist *o,* das in *u* übergehen kann. 6. Der Laut ę ist, insofern er aus urslavischem *ŭ* entspringt, slovenisch, daher dem Altslovenischen, dem Neuslovenischen, dem Dakoslovenischen und dem Bulgarischen eigen: ę aus urslavischem *ĭ* ist dem Altslovenischen fremd.

II. Ж. Ѫ.

Der Lautwerth des aslov. Buchstabens ж, ą ist Vergl. Grammatik 1. 32 festgestellt: *rąka* lautete *rōka,* dessen ō nasal auszusprechen ist. Lepsius 58. ō beruht auf älterem *on, om.* Aus *on, om* entwickelte sich nslov. ō: *rōka* (ō ward ō: aslov. *sъbodetъ* sę fiet ist wohl *sъbōdetъ* sę) und poln. ą: plur. gen. *rąk,* sing. nom. *ręka:* ą steht langem, ę kurzem ą gegenüber. *on* gieng in *un* über, daher serb., grossr., klruss., čech., oserb. und nserb. *ruka,* durch Verlust des *n. on* wich dem *ъn, ęn,* daher bulg. *rъka, ręka,* durch Ausfall des *n: ęn* hat sich mundartlich erhalten: *męndro* für aslov. *mądro,* das in der Priča durch мѫдро reflectirt wird. *mъnka, mъnž, rъnka* per.-spis. 1882. 181. Nach Jagić, Archiv III. 356 beruht der dumpfe *a*-Laut (unser ę) für aslov. ą auf *an.* Vergl. Grammatik 1. 368. Potebnja, Archiv 3. 614.

Der Übergang des ą in ъ, ь lässt sich in eine ferne Vergangenheit verfolgen: *lъšta* für *ląšta* und *stąza* für *stъza.* Und in vъ edinъ sąbotъ èv μιᾷ τῶν σαββάτων luc. 24. 1 des assem. ist wohl edinę zu lesen. Vergl. Grammatik 1. 87. 89. *lъšta* und *stąza* sprechen für die Gleichheit des Lautes des ь und des ą, eine Gleichheit, die nur im bulg. eintrat.

A. Während im nslov. ō zu ō ward, im bulg. ęn, ъn sein *n* einbüsste, hat sich im Dakoslovenischen ęn erhalten, eine Erscheinung, die diesem Dialekte durch ę seine Stelle in nächster Nähe des bulg. anweist, von dem es sich in uralter Zeit getrennt zu haben scheint: *bande bądetъ. manka mąka. mans mąžъ. prant prątъ. jedant idątъ. idanste idąšte* neben *poroncsenie porąčenije* und neben *ssa sątъ. digna dvigną,* so wie *bihent bijątъ.* Die Silben *an, on, en* sind wohl ęn gesprochen worden: dafür ist die schwankende Schreibweise anzuführen. Auslautendes ęn hat sein *n* eingebüsst. Die Sprache der Bulgaren in Siebenbürgen 141. Archiv III. 357.

B. In den eigentlich bulgarischen Denkmälern hat das als ursprünglich anzusehende ą verschiedene Schicksale erfahren.

In der Priča liest man мѫдръ für *mądrъ* 149. брижеида für *brižeidą* 150. за оны кошоуты für *za oną košutą* 149. und cѧ für *sątъ.*

In bulg.-lab. ь: бъдє. грьди pectus. гьба spongia. кьпонатъ ponderant. кьща. мьчи excruciat. иьзмьти. мьжїє. испьди expulit. иьть via. орьжїє. рьцѣ. скьпо theuer. пристьпи. сьдъ vas; сьдовє vasa. съсѣдииь. вьжє. потрьси. тьгвпашє. тьпанє tympana. зьбъ; ferners рєкь dico. щь volo. зобдьть. щьть volunt. изѣдьть. миньть. сь sunt. зоньть. стани. миньха. зарьчаха. срєщпьха. сьщи: зѫštь. Einigemal ѣ: щѣ. ивсиѣ. стани. сь sunt. донєдь adducam. вєдиьщь semel. иѣзєль. сѐ sunt. a: гьлабица columba. заночиа. иохвапаль. мога possum. ща volo. III. plur.: воїать. са sunt. мєтиать. вмрать neben вмрьть. дьмать. имать. кажать. ψвпать. стрьвать faciunt. пѣрввать. копиать. имаха. изгѣзоха. лиψаха und дрьжа̑, aslov. drъžą. молїа, aslov. molją. вдара. ида. вида. за ниѥа ist aslov. za *njeją. ѧ, das wohl e darstellt: стора, sъtvorją. освєтїа sanctifico. избїать: избиѫтъ. жєлѣꙗть. ѧ, ia, a eam und трьиѧ. Archiv III. 322. впазѣ custodio.

Im Zbornik aus dem Anfange des achtzehnten Jahrhunderts: мьдєрь für mądrъ 48. надьмьдри 33. вьбєль, wohl puteus, wahrscheinlich für vąbelъ 42. сьди judicat für sąditъ und бадє für bądetъ 31. мажь für mążъ 37. молїа für molją 43. позиаѫть für poznajątъ 37. дєнїа и ноштїа neben диꙗ и ношта 58. Archiv III. 320.

In op., wo ein Denkmal aus dem aus der ersten Hälfte des siebzehnten Jahrhunderts beschrieben wird, lesen wir iадьть für *jadątъ 273. са ар'иишьть für sę arъnišątъ 271. стань für staną 268. иьтрѣ für vątrê 264. сьсѣдиињь für sąsêdinъ 262. мьшь und машь für mążъ 249. мьчать und мачєть für mąčetъ 249. щьть und щать für *hoštątъ 276. 281. Vergl. 251. Archiv III. 321. Der Buchstabe ж wird unter allen angeführten Denkmälern nur in der Priča angewandt.

Um sich in diesem Gewirre von Lauten nicht zu verlieren, gibt es nur éin Mittel: die Annahme des Lautes ą für aslov. ą ist der Ariadnefaden aus diesem Labyrinthe. Daraus wird auch die Lehre begreiflich, a in mąž vir liege zwischen a und e per.-spis. 1882. 181, und einigermassen auch die Anweisung, ж, ą werde ausgesprochen wie a (sábota sąbota), wie o (močiti mąčiti), wie ъ (bъde bądetъ), wie i (bide bądetъ), wie u (subota sąbota) kač. IV.

I. Ungrisch-Bulgarisch.

ą wird in Vinga durch ę reflectirt: izbędnę se genese: *izbądną sę. gędilárin Geiger, Lebemann: gąd. grędi Brust: grądi. idnę̂ś einmal: jedinąšti. kędê zu: kędê tu nebe tó zum Himmel duh. 47. kę́pem bade. kęs kurz. iskrętę reisse aus. udlę́čnus Entschluss: otъlą́čiti. ispędę treibe aus. pęt Weg. pę́tištę Wege. sęd Gericht. stę́pę trete. vę́tre hinein. Die I. sing. lautet auf ę aus: nędelê̂ję besiege. dódę komme. peję́ singe. revę́ weine. piję́ trinke. istríję wische ab. utíję gehe weg. znáję weiss. žęnę ernte. tęrpę leide. bávę halte mich auf. gúdę lege. kánę lade ein. pusóčę zeige. puspurę́ mache fruchtbar. stórę erschaffe. svírę pfeife. šalę se scherze. rastúšę tröste. vardę́ bewahre: smutlív störrisch und túžbę Trauer sind serbisch. So weit verlässliche Mittheilungen eines Vingaers.

In den Büchern wird ę durch â oder a bezeichnet. a) bâdeč. grêhâč se sich wärmend ev. 49. gâba. grâdi Brust. ujáknŭlu erstarkte. krâdât furantur. kázvâč ev. 19. kâklica. uflêzvâč ingrediendo ev. 12: *vъlêzuvająšte. pâč Weg. zarâčena die Verlobte. sâd Gericht. tsostrâkin hundertfach: vergl. serb. dvostruk. zvât vocant. b) dâvač dando ev. 35. zakupája defodio. zakupájat defodiunt. moža possum. ispija ebibo. zaračnica sponsa. vêrvač partic. vêrvat credunt. vida video. u für ą ist serbisch: moguć ev. 47. se smuta 46. Man merke trambica 102.

2

II. Südbulgarisch.

1. ę wird durch a wiedergegeben: ντάπων dęboi: dąbovi. κράτη grędi: grądi. ιαγκόυλη
jęgúli: jągulję. κάτε kęde: kądê. σέκατε sékęde: *vъsêkądê, vъsądê. καπίνα kępína: kąpína. μάτζητ
mę́čit: mączitъ. μάτρηο τ mę́drio t: *mądryjъ tъ. μάζη mę́ži: mąži. νάτρε nę́tre: *nątrê. πάϊακω τ
pájęko t: pojąkъ. πάτη pę́ti: pąti. ράκα rę́ka: rąka. σατώη sędói: sądovi. σαπώτα sębota:
sąbota. ζάπ zę́p: ząbъ. In der III. plur. a) präs. μπίτατ bídęt: bądątъ. νέσατ nésęt: nesątъ.
πίατ pí ęt: pijątъ. μπάρατ báręt: *barajątъ. ράζμπηρατ rázbiręt: razbirajątъ. τάβατ dávęt: *davajątъ.
ίματ ímęt: imajątъ. τκάϊατ tkájęt: tъkajątъ. νάϊτουατ nájduęt: najdujątъ. τόπλιβατ tóplivęt:
*toplivątъ. ιάτατ jádęt: *jadątъ. b) aor. ιζβάτωα izvádoę: *izvedohą. ιζνήκναα izníknęę: *iznik-
nąhą. στόρια stórię: *sъtvorihą.

2. ę wird durch αε wiedergegeben: μπίταετ 27. 34. bídęt: bądątъ. πρέταετ prédęt:
prędątъ. ράσταετ rástęt: rastątъ. πάσαετ pásęt: pasątъ. μόζαετ mózęt: *možątъ. μίαετ mí ęt:
myjątъ. ίμαετ ímęt: imątъ. σάκαετ sákęt: *sakajątъ. σλούσσαετ slúšęt: slušajątъ. μπέραετ béręt:
berątъ. ζάκολιαετ zákolęt: zakoljątъ. πλάτζαετ plá čęt: plačątъ. σέαετ sé jęt: sêjątъ. ę wird
durch αα ausgedrückt: πέαατ pé jęt: *pêjątъ. ήταατ í dęt: idątъ. μπέχαατ bégęt: bêgajątъ. φάσταατ
4. 5. fáštęt: hvaštajątъ. ίμαατ 2. 4. ímęt: imątъ. κόπαατ kópęt: kopajątъ. ποκρύβαατ pokrívęt:
pokryvajątъ. ρώσταατ ró ždęt: raždajątъ. ρασήπαατ rasípęt: rasypajątъ. βήκαατ víkęt: vykajątъ.
ζέμαατ zémęt: vъzimajątъ. όραατ óręt: orjątъ. ράτβαατ rádvęt: *raduvajątъ.

3. ę wird wiedergegeben durch e, o und i: σέ sę: sątъ. έτνως 42. édnęš: jedinąšti.
πίτητ bę́det: bądetъ. μπίτηος bę́deš: bądeši. μπίτατ bę́dęt: bądątъ. γούσκη gúski: gąsky ist serb.

4. Dem aslov. ą, ją steht in der I. sing. am gegenüber: βλέζαμ intro: vъlêzą. μόζαμ
possum: mogą, *možą. πώμηναμ praetereo: pominą. σε σλίσναμ γλυστρώνω: *slizną. τέρπαμ
patior: tъrplją. τζίναμ facio: činją. κούπαμ emo: kuplją. λώῖαμ capio: lovlją. νώσαμ fero:
nošą. πώλναμ impleo: plъnją. μόκαμ μουσκεύω: makają. ζέμαμ sumo: vъzimają.
In den Büchern der Propaganda wird ę durch e, ä und e bezeichnet. raspáxde
dispergit. raka. sabota. tegla patior. stäna factus est. stòriha fecerunt; bädi. mäka. záminälo.
sädi judicat; gredi Brust. sè sunt. u für ą ist serbisch: mùdar. moghùkia.

Mil. drückt den Laut ę durch ж, a, o, e, u aus: a) кждо. мжшко. мжчатъ. b) диг-
ша. искьна. ода абео. збжркаха. c) едношъ. со. d) сетъ, се sunt. e) бидо, бидитъ erit.:
пути. сугено mil. 1. 59. недугавъ verk. 369. sind serb. Wenn bei Mil. die Tendenz
besteht in der Wurzelsilbe ж, sonst a anzuwenden, so mag dies auf dem Unterschiede
zwischen betontem und unbetontem ę beruhen, der unter ъ, ь erwähnt wurde. Vergl.
Archiv III. 312.

Mančov schreibt ревж. пишж. сждж.

Vêženov: кова. пиша. сждя.

III. Nordbulgarisch.

Im Nordbulgarischen gibt es kaum weniger Schreibweisen als Schriftsteller.
Cankof, der die lat. Schrift anwendet, gibt den dem aslov. ą entsprechenden Laut
durch ù, d. i. ę, wieder: prùžínù, d. i. prężínę Stange: *prągъ, čech. pružina, rumun.
pręžínę, predžínę scida ligni. kùt, kęt, aslov. kątъ. dùb, dęb, aslov. dąbъ usw.

Vuk im Dodatak gebraucht meist a: raска anser. ja eam. ca sunt. струк, serb. struk
(vergl. bulg. rъз, serb. guzica, daher gązъ). нисуваха usw. neben галъб́о, зъб́о, мъж Archiv
III. 315.

Man findet bei einem und demselben Schriftsteller ржце, гжсто, всжду neben къдѣ, кжща, окрѫгло und млъкнало.

Bei Rakovski liest man сж, гължбци, бержтъ, даважтъ neben къдѣ, пьртье 15: prątije. стрька 14: serb. struk usw.

Čolakov bietet пжти neben вьзелъ usw.

Drinov gebraucht, wie es scheint, regelmässig ж: бжде, всжду, млъчно usw.

Hier ist von den örtlichen Abweichungen abgesehen worden, so wird кошта, роба, изберотъ, рока, роакн, щотъ volunt čol. gesprochen für kęšta, gęba usw. Über oa für aslov. ą Archiv III. 317.

Nach Mil. III. bezeichnen die Buchstaben ъ, ь und ж denselben Laut: имастъ едпакво произношеніе, während nach per.-spis. IX. 75. ж und ъ verschieden lauten, indem ж den Laut des u im englischen Worte but darstellt, während ъ den Laut des im englischen sir hat. Cankof bietet jedoch kŭt und kŭsno für aslov. kątъ und kъsьno; ausserdem werden beide Zeichen ж und ъ mit einander verwechselt. Daher heisst es auch per.-spis. XI. XII. 163: между ж и ъ пѣма разлика. Der allfällige Unterschied beruht wohl auf der Betonung.

ję aus ją (ѭ) geht in e über, wenn aslov. das j mit dem vorhergehenden Consonanten verschmilzt: товápe onero: aslov. *tovarją, daraus tovarjъ, tovarje. делé divido: aslov. dělją. чйне facio: aslov. činją. свéте, грáде; сne, гýбе, лóве, гръмé; рácc, рáoe aus светjж, градjж; спjж, губjж, ловjж, гръмjж; расjж, газjж für aslov. svěśtą, graždą; sъplją, gublją, lovlją, grъmlją; gaśą, gažą, Formen, die dem bulg. auch in alter Zeit fremd gewesen zu sein scheinen: in allen diesen Fällen wird im mittleren und westlichen Bulgarien ъ für e gesprochen. Wie товápe sind zu erklären скóче salio. кáже dico. душé würge aus *скокjж, *скочjж, aslov. skočą usw.; ferners вpeштé clamo aus вpѣскjж usw. Nach Vocalen erhält sich ję: лájъ latro. пйjъ bibo usw. Die III. plur. lautet скóчет, кáжет, душéт; вpeштéт und лájът, пйjът. aslov. *ѥѭ, ѭ, ѥѧ Archiv III. 351. eam lautet bulg. нéjъ, jъ, das durch неѭ, ѭ mil. per.-spis. II. 27, durch ѣ mil. 136, durch ja dod. 39. dargestellt wird; Cank. 59. schreibt néjй, jй; in Vinga wird ję, néję gesprochen. ъ in jъ soll nach per.-spis. XI. XII. 149. wie ein dumpfes (temno) e lauten. Man beachte до нея čol. 105. Neben den historischen Formen пекѣ, пекéтъ; мóгъ, мóгът und вpѣхъ, вpѣхътъ bestehen die analogen печé, печéт; мóже, мóжет und вpѣше, вpѣшет. ноштнѭ и дьнѭѭ du noctuque wird bulg. nach Cankof durch nošté i dené, dénêm reflectirt: anderwärts findet man денïѧ, нощïѧ; денïѧ, нощïѧ bulg.-lab. ноште, нощта, покѭ und денѭ, денѧ mil. 37. 54. 144. нокѭемъ 437. денѣ. denjé j nuščá Vinga. τέννια, νόκια griech. деnіа и нощтіа und днѧ н нощтѧ zbor. 58. Die Verba V. 1. haben nach Cank. 73. in der III. sing. a, in der III. plur. at: дѣла, aslov. dělajetъ und дѣлат. aslov. dělajątъ. In опитот čol. 106. станупот 109. steht o aus ъ, a. In der I. sing. präs. findet man посам fero, d. i. носъм: dieses beruht auf носъ aus носjъ, woran das m der I. sing. angetreten; ebenso sind zu erklären платам solvo. държам, држжм teneo. кажам dico. знажам scio. мијам lavo. пијам bibo, d. i. платъм, дрьжем, кажем, знајъм, мијъм, пијъм; ebenso соберам, загипам, идам, земам, јадам, заколіам, коіам, aslov. kovą, месам, моліам, пра'ам facio, aslov. pravlją, усучам, нejкіамъ nolo 438, alles aus mil. Кažem, vidam, mislam, dadam, molam per.-spis. 1882. 177. 182. 185. 187. Für diese Ansicht sprechen die I. sing. мола mil., мета, пеја, държа per.-spis. IX. X. 95: пита für питам XI. XII. 159. entsteht aus пытаж, питајъ wie питат aus пытажтъ, питајът. Man vergleiche наигрият сл čol. 153. наръчае uil. 18: *наржчаіжтъ. чекает 49. aus чакаіжтъ. викаат, ружаат, седлаат neben dem sing. вика, ружа, седла per.-spis IX. X. 95. 96. *iskupájat* effodiunt, *zakupájat* defodiunt neben *kupája* fodio Vinga lauten auf *ájət, ájə* aus. Гп прогиѣваетъ op. 260. ist *je* für іж eingetreten wie in ʒобаетъ mil. 43. поѕнаѧтъ zbor. 37. *veselejə* beruht auf einem älteren *veselijqtə:* in *moleet* ist *jə* in *je* übergegangen. пwccів Archiv III. 519. Vergl. Grammatik I. 369; 3. 189. Damit vergleiche man nslov. *hvalido* 3. 160. *hvalijo* 171. serb. *vididu* 226. čech. *chodijú* 372. *meteešti* ist **metajǫšti, vərzeešti, *vrəzajǫšti.* Vergl. Grammatik III. 190. *je* eam beruht auf *jǫ.* dado'e aus und neben dadoha lautet wohl *dadoje* aus *dadojǫ.* оутрѣневащж Archiv III. 351. beruht, wie mir scheint, auf *utrənevaještǫ* aus **utrənevajǫštǫ.*

Resultat: 1. Dem aslov. ѫ entspricht bulg. regelmässig der Laut ę: *dęb,* aslov. *dąbə.* 2. Es ist historisch richtig джб zu schreiben, phonetisch unzweckmässig, wenn man erkennt, dass der Vocal in джб und in зъл derselbe ist. Wie bei ъ, schwankt auch bei ж die Schreibung zwischen ь, ж und a, abgesehen von o und u. 3. *je* erhält sich nach Vocalen: *láję* latro; nach Consonanten wird *ję* durch *e* ersetzt: *gúbe,* aslov. **gubjǫ, gubljǫ,* bei Vuk *nose* fero, aus *gubjə, nosjə.* 4. Auszugehen ist vom Laut ǫ, dem *a* nahe steht: ę kann in *o* und dieses in *u* übergehen. *a* als Grundlage anzusetzen und ę als weitere Trübung des *a* zu erklären, halte ich für unrichtig. Archiv III. 317. 318. 5. Der Laut ę aus ǫ ist dem aslov. und dem nslov. fremd, selbst das dslov. meidet ihn im Inlaute. 6. In den westlichsten Theilen des Sprachgebietes wird in einigen Worten hie und da ęn, ęm für ǫ gesprochen: *męndro, gęmbi, zęmbi* für aslov. *mądro, gąby, ząbi.* Archiv II. 399.

III. **Ѧ. Ѩ.**

Wie im Albanischen und Rumunischen, so sinkt auch im Bulgarischen unbetontes *a* regelmässig zu ę herab, ein Laut, der mit dem des aslov. ъ identisch ist und durch ę bezeichnet werden kann. Dafür wird von einigen ж, von anderen *a* angewandt. кокъл χόκαλον. кътáпъ Soldat: rumun. *kętánę,* magy. *katona.* rumun. *kərbúne* carbonem. alb. *gęzój* erfreue von *gaz.* Auch dieses ę wird hie und da durch *o* ersetzt: игро та čol. 108. трапезо та 111. земіо та 108, das auf einem älteren *zemjə* beruht. Beiträge zur Lautlehre der rumun. Dialekte. Vocalismus I. II. Vergl. Grammatik I. 369. Während jedoch im rumun. und im alb. dieses Herabsinken des *a* zu ę in der Schrift consequent ausgedrückt wird, ist dies im bulg. nicht der Fall. Das *a* im Auslaute der substantivischen Themen wird auch dann ę, wenn es betont ist: плáтъ Bezahlung. водѣ aqua. слъзѣ́ lacrima. тлъкѣ́, wechselseitige Aushilfsarbeit: тлака. хоратѣ́ sermo.

Räthselhafte Ausnahmen von dieser Regel sind 1. Verwandtschaftsnamen: бáба. баштá. дѣдá. сестрá. спъхá. стрꙑ́јка. стрꙑјнá. ујкá. элъвá und женá. стрѣлá Hexe. Vergl. Cank. 30. 2. Mit dem Suffix *la* gebildete Substantiva: беѕýмла stulta. въ́шла die Lausige. грáбла Räuberin. дрꙗ́гла. ꙗ́бла. крáдла. мáмла. рéпла. скъ́пла. съ́пла. 3. Einige Substantiva auf nja: гнꙑстꙑ́јá neben гнꙑстé lumbricus. ѕъꙑнꙗ́јá neben ѕъꙑé serpens. лъꙑжꙗ́јá neben лъꙑжé mendacium. мравꙑ́јá neben мраꙑ́é formica. попадꙑјá. свꙑнꙑꙗ́јá neben соꙑꙑнé; ferners слободꙗ́јá neben слободé Freiheit. сáбꙑјá neben сáбє Säbel. сꙑатꙑ́јá neben сꙑáтѣ für сꙑатꙗ Brautwerberin. Die Abstractes bezeichnenden Substantiva bieten ꙗ́ј: бръꙑкотꙗ́јъ

Verwirrung. глусотй҄ъ Abscheu. дреболй҄ъ Kleinigkeit. злочеетй҄ъ Unglück. лакомй҄ъ Habsucht. просй҄ъ Bettel. сиромашй҄ъ Armuth. скъпотй҄ъ neben скъпотé Geiz. Doch auch бурй҄ъ Fass. вансй҄ъ Farbe. кьсошй҄ъ Kurzhals. поразй҄ъ Verlassener.

In manchen Fällen scheint ę auf kurzem *a* zu beruhen: прьштам neben прáштам, serb. прâхам. кьк, aslov. како, in lat. geschriebenen Quellen kåk. сь та гора omnis silva mil. 5: *vьsa ta gora*. In Vinga spricht man gęd Geflügel für гад bei Cankof.

Nach *j* geht rumun. durch eine Art Assimilation ę in *e* über: mrum. pále stramen aus pálję, pálje, pálea; drum. páje aus pále. Beiträge zur Lautlehre der rumun. Dialekte. Vocalismus I. 23. Dasselbe tritt bulg. dann ein, wenn *j* mit den vorhergehenden Consonanten *r*, *l*, *n* verschmilzt: нечéре coena: aslov. *večerja*, daraus *večerjь*, *večerje*, woraus, nach dem Schwinden der erweichten Consonanten, нечéре; ebenso кьдéле pensum lanae: aslov. *kądělja. кошуле dod. 44. бáне balneum: aslov. *banja*. Daneben das junge зóрь für aslov. *zorja*: nslov. *zorja*. serb. *zora*. Die Laute ч, ж. ш nehmen nach sich in vielen Fällen ein *j* an (es ist wohl kaum richtiger zu sagen, *j* habe sich da erhalten), woraus sich Formen wie мрéже und душé, aslov. *mrěža* und *dnša*, erklären. Daneben брáдовицъ verruca und спéшть lux, прéждъ fila, рьждъ rubigo: aslov. *bradavica. *svěšta*, *pręžda*. *rьžda*. Man beachte бацчé hortus dod. 37. манджс. Kyrillisch wird nach russischer Art я für ia: нечери. кьдéля, баня geschrieben und dem Leser gesagt: буква я ненакога си нэгонари като просто e. Mit бáба usw. zu vergleichen sind дьштерé *dьšterjá* filia und тьтé soror natu major: abweichend ist светиний sanctitas. Dem aslov. *zemlja* terra steht земé gegenüber (земіа mil. 61), wofür auch земí gesprochen wird: jenes beruht auf älterem *zemja*, dieses auf *zema*. *zemja* entstand aus dem nachweisbaren *zemьja*. Dabei drängt sich die Frage auf, ob das bulg. je *pja*, *bja*, *mja* durch *pla*, *bla*, *mla* ersetzt hat: pljńję. pljję spuo allein beweist das Vorkommen von *pla* usw. in der Wortbildung nicht. Das bulg. mag sich auf einer älteren Stufe erhalten haben, auf der auch морнję neben морé mare steht: aslov. *more* aus *morie*, nslov. *morje*. Hier sei bemerkt, dass die auf älterem ja beruhenden Formen wie нечере usw. in den östlichen Theilen des Sprachgebietes einheimisch sind, während im Centrum und im Westen aus *a* entstandene Formen Geltung haben. Archiv IV. 695.

Die Verba VI, aslov. овати, очиь, verschmelzen mit den Verba V. 1, und lauten demnach im präs. увам, уваш, упа usw. Durch den Ausfall des в und das Walten bestimmter Lautregeln entstehen einer Erklärung bedürftige Formen: man beachte нерчаш credis mil. 6: *věruvaši. лекуеш sanas ib.: *lěkuvaši, *lěkuvaš*. *lěkuaš*, *lěkuješ*. Unbetontes *e* wird *i*: паметвиш meministi 111: *pamętuvaši. кажниш dicis 112. für калниш: кáлувам cank. лекует sanat 6. исповедиит ег confitetur 65: *ispověduvatъ sę. нéрвите creditis: *věruvate. дарвеет donant 119: дароувамтъ, дарвамтъ, дарвајтъ. дарвејтт, дарнсјет: an aslov. *daroviti* neben *dariti* darf nicht gedacht werden. лекнешти sanando 353: *lěkuvająšti. daraus *lěkuvaješti*. Man vergleiche jedoch auch беренти aus берьнити.

A. Dslov. steht a, doch *mille* neben *mila*. zema, *zeme* und *zemlya*. *volie* und *volia*. *tvoie*, *nasse* fem.

B. Dasselbe gilt von den eigentlich bulg. Denkmälern früherer Jahrhunderte. Op. bietet jedoch auch бьща, тьзи душа 251. Man merke хрьтіа 281. милостииіа 249. волé, землé 252.

големь радосъ zbor. 57.

16   Franz Miklosich.

Bulg.-lab.: ъ: башкѣ abgesondert: serb. baška. бащѣ Vater. дъшь Seele. главѣ, глъвѣ caput. горѣ. ниговь та сила. нигговь та рожба. планинѣ та. рькѣ manus. слнгѣ. снагѣ corpus. странѣ. войскѣ. жень. стьньха steterunt. a: главâ. катâ дни. планинâ. рькâ manus. снагâ. злыиâ. женâ. живинâ. Daneben пвстиниа. воліа. земліа und хѵбевѣ.

I. Ungrisch-Bulgarisch.

In Vinga wird a, â geschrieben; gesprochen wird ẹ für tonloses und für gekürztes a: ẹ́ku si. ẹli vel. ẹmá, ma Anruf für Frauen. bẹlváń trabs. bẹrdáć Krug. bẹrjak Fahne. bẹštá Vater. brẹdẹ́ barba. cẹrúvẹm herrsche. cẹrícẹ Königin. čítẹv integer. čẹrdak casa. dẹrẹ́ das Geschenk, ohne Artikel dar, plur. dárve. dáskẹl Lehrer. evẹngjeli. fẹlẹ́ Lob; fẹlós hochmüthig. fẹlíngẹ Fehler. gẹd Geflügel, gẹdẹ́ mit Art. gẹdíng ein Stück Geflügel. gẹzdẹrícẹ Hausfrau. glẹdúvẹm hungere. hẹbár Nachricht. hántẹtár ein böser Dämon. hẹréšẹm, hẹrésvẹm gefalle. hẹrízẹm, hẹrízvẹm schenke. hẹsnuvít nützlich. hórẹ Leute: hórẹ ta. jẹvil er zeigte. kẹko wie. kẹ́lvaria. kátẹ den. kẹtẹdnešni täglich. kẹtánẹ Soldat. kókẹl Knochen. kólẹdẹ Weihnachten· krẹlicẹ Königin. lẹtínće. mẹj mehr: rumun. mẹrgẹrít. mẹrlivu. nẹbere. nẹpravil. nẹráv m. Natur. nẹsẹdi. nẹzáć zurück. udlẹdil ud kraja ev. 81. upẹćínẹ Bosheit. utrẹvisẹl er vergiftete. pẹhár Becher. pẹ́reń zuerst: alb. pẹzẹtór Beschützer. pẹzẹtórćẹ f. plẹdninẹ Mittagmahl. plẹnini f. Alpen. prẹpẹdisvẹl verschwendete. rẹsẹrdi erzürnte. rẹbótẹ Arbeit, Sache. rẹbéc Sperling. rẹzmírícẹ Empörung. rẹsprẹ́ kreuzige. rẹstúšnicẹ Trösterin. sẹbẹdšág Freiheit. sẹkrẹménẹt. slávjẹk Nachtigall. náj stẹrtíjẹ der Älteste. strẹinin Fremdling. trẹndáfer Rose. zẹrẹ́d, zẹrẹ́ć wegen. Die fem. auf a: čúmẹ Pest. dušẹ́ Seele. divẹ eine bösartige Fee: gorskẹ divẹ, sẹmudivẹ. gustíjẹ Gasterei. lēšíjẹ Lauge. mulbẹ́ Bitte. mumẹ́ Mädchen. murẹ́ Alp, Plage. mẹ́kẹ Marter. rízẹ Hemd. súšẹ Dürre. sẹrẹćíjẹ Armuth. sẹlẹ́ Scherz. udẹ́ Wasser. zurẹ́ Morgenröthe. Daneben dubrinjé Güte. nedele Sonntag. niole Elend. óle Wille. Die Verba V. 1: bêgẹm laufe. dúmẹm sage. dávẹm gebe. gátẹm errathe. vládẹm bin im Werthe. várẹm täusche neben púštem lasse. Verba VI: blẹgúvẹm esse. cẹrúvẹm herrsche. glẹdúvẹm hungere. krẹlúvẹm regiere. vêrvẹm glaube.

II. Südbulgarisch.

Griechisch hat meist a: τζιούβατ čjúvat. τάβατ dávat. φάστατ fáštat. λέτατ létat. σάκατ sákat vult. a wird ẹ, i: σε ράτβηας se rádviš. οστάνβιτ ostánvit. σε ουζάλβηας se užálviš d. i. ráduvaš, ráduvẹš usw. Neben νέτελλα hebdomas besteht νετέλια dominica. κούκια domus. ζέμια und λοότυννε wohl ljútyne θυμός. τα dẹ ut. μότη, τφότη f. ζà νάσσε τ ίχτιζα διὰ τὴν χρείαν μας.

In den Büchern der Propaganda: a: pokòra. vredna. ima. â, à, ä, e: kâzuvam; dà, dobrà. pùk; onäzi; hùbeve adv. naš te vèra.

Mil. schreibt regelmässig a; daneben e: зборвеше; ferners o: назод 48. 180. und i: да итъ dat. помнинитъ transit. излегнишъ exis 15.

III. Nordbulgarisch.

Cankof schreibt a auch für tonloses a: valí es regnet. varósuvam weisse. glavẹ́ Kopf; nur im Auslaut steht bei ihm ŭ, ẹ: gárgẹ Rabe. grẹ́bẹ Buckel. dójkẹ Amme und è: večérè Abendessen. vólè Wille. vonè Gestank usw.

Vuk. im Dodatak: гора. колиба. мила und хартија. ракија. сабја neben манджє, башчѐ. Rakovski: майкж. младж und сиъхж. вълп дъждъ.

Der Satz, dass unbetontes a wie ę lautet, ergibt sich für das Ungrisch-Bulgarische aus dem oben mitgetheilten Wortverzeichnisse. Dass dieser Satz auch für die anderen Mundarten Geltung hat, ersieht man aus den phonetisch geschriebenen Aufsätzen in per.-spis. I. 104. III. 110. IV. 74. VII. VIII. 107. IX. X. 99.

Das Resultat der Untersuchung ist Folgendes: 1. Für a tritt ę ein: a) wenn es tonlos ist: cęricę, von Cank. caricę geschrieben; b) regelmässig im Auslaut der Nomina fem.: hápkę Bissen. vodę́, udę́ Wasser. 2. Historisch kann u geschrieben werden; phonetisch ist es unrichtig, da zęl, dęb, gęd Vinga aus zalz, dąbz, gad denselben Vocal enthalten. Geschrieben wird a, ъ, ж. 3. Für ja steht ję nach Vocalen: siromašĭję Armuth. In einigen Fällen erhält sich ja nach Vocalen: svobodíja neben svobodę́ Freiheit. zę́mijá. zęmé Schlange. Für ja steht nach Consonanten ę̃, d. i. ä: bánę̃ Bad. Daneben sä̃zde Russ. rę̃zdę̃ Rost. ja erhält sich in svetiné Heiligkeit. Wenn der sing. gen. žitija in einer Quelle durch житиж und житиа wiedergegeben wird, Archiv III. 348, so ist von žĭtija auszugehen, das žítiję, žítije wurde, welches durch die angeführten Formen dargestellt werden konnte. 4. Auszugehen ist vom Laut ę, dem a sehr nahe steht. ę kann in o, u übergehen. 5. Der Laut ę aus a ist bulg. und dslov.

IV. Ѧ. Ѭ.

Der Lautwerth des aslov. ѧ, ę ist ē. Vergl. Grammatik 1. 32: rędz lautete rēd mit nasalem e. Lepsius 58. ē beruht auf älterem en, em. Aus en, em entwickelte sich nslov. ē: rēd (indem ē in ē überging) und poln. ję̃, ję (da e durch je wiedergegeben wird): rzqd aus rzęd, rjęd: jq steht langem, ję kurzem ę gegenüber, daher auch wiqzać, čech. vázati, nslov. vēzati, serb. vézati. en wird ja, daher gruss. rjadz, klruss. rjad, čech. řad aus rjad. Bulg. wird en zu e, das ehedem wie im nslov. lang gewesen sein dürfte: red. Vergl. Grammatik 1. 365. Jagić, Archiv III. 347, meint, dass ѧ dem ja, etwas dumpf in der Richtung nach je hin, gleich gewesen sein wird. Mundartlich hat sich en für aslov. ę erhalten: grenda, jenzik, rendóve neben dem sing. red für aslov. gręda, języks, rędz Archiv III. 399.

Schon in alter Zeit ist hie und da ein parasitisches j dem ę vorgetreten. Wir lesen nämlich schon in sehr alten Quellen ꙗ für ursprüngliches ѧ: десѧте zogr. грѧдѣ. кнѧѕь. сѧ. сѧдꙗ. пѧть. распѧти. вьспѧть. отроѧꙗ. наѧꙗсꙗ. рѣшꙗ. лежꙗщꙗ assem. помꙗни prag. кьнꙗзи. тꙗ. сꙗ. протꙗгъше. рѣшꙗ sup. 8. 23; 75. 21; 76. 25; 99. 22: 160. 1. Auf die Übereinstimmung altslovenischer Quellen mit dem Bulgarischen in Ansehung des Gebrauches von ꙗ für ѧ wird man, das ist vorauszusehen, Schlüsse gegen die Hypothese von der pannonischen Heimat der Kirchensprache bauen, ohne Berechtigung. die nur auf die Heimat der bezeichneten Handschriften gehen kann, von denen manche von den Schülern Methods herrühren, die nach ihres Meisters Tode in Bulgarien eine Zufluchtsstätte fanden und die sich dem Einflusse der verwandten bulgarischen Sprache nicht entziehen konnten. Präjotierung findet sich auch bei den anderen Vocalen: колѣсница. пелꙗна prol.-rad. блѣждите matth. 22. 29. zogr.-rec. рюкꙑ. сыпо nicol. люсапно assem. кюпарисъ tichonr. 1. 101: λυσ-, χυπ-: достанетъ ostrom. beruht auf russ. Aussprache. Aus diesem ꙗ ist bulg. in einer nicht bestimmbaren, jedesfalls schon in sehr früher Zeit

ѭ ontstanden, so dass zwischen den bulg. Reflexen des aslov. ѧ, ꙗ und des ѭ aller Unterschied verwischt ist: свѣте aus светѭ, aslov. svêstǫ, und свѣтет aus свѣтѭтъ, aslov. svêtętъ.
Die Differenz zwischen den Reflexen des aslov. ѫ und ѧ besteht in manchen Gegenden
darin, dass jenem o, diesem jo gegenübersteht: мока, мож, іадот, саберот für мѫка, мѫжь,
*іадѫтъ, съберѫтъ und глюда (gljoda, głoda) čol. 105: глѧдаютъ. гоніодо 112: говѧдо.
прокліотник 106: *проклѧтникъ. міосо 111: мѧсо. піотак 111: пѧтъкъ. ріод 105. 108:
рѧдъ. сіодне 106: *сѧднетъ für сѧдетъ; наваліот 106. градіот. душоат sie riechen, für
душот, душіот. стоіот 108. 123: aslov. -лѫтъ. -дѫтъ. -*шѫтъ usw. ziox 123: вѫзѫхъ.
іозик per.-spis. XI. XII. 161. Anderwärts wird ѧ durch je ersetzt: утвóрьет aperiunt,
wodurch auch ѫ nach ж wiedergegeben wird: jутрѣжьет abscindunt: отрѣжѫтъ per.-
spis. I. (1882) 170. Für сѧ spricht man im Osten са, сѫ, d. i. съ, und ce per.-spis. II. 11;
ebenso мѣ, тѣ, während im Westen ме, те, ce gilt VII. VIII. 110. Dem aslov. ѧчьмень
steht gegenüber ѩчмен mil. 110. ečemik cank. ѩче in ѩче си езеро mil. 31. ist wohl
aslov. ѩчитъ oder ѩчетъ. Neben io findet man in der III. plur. ee: грабеет mil. 105.
кѫрстеет 95. молеет 54, Formen, die, wie oben gesagt ist, nslov. grabijo, krstijo,
molijo entsprechen. Auch іадеет, пијеет mil. 23. sind mit nslov. *jêdejo, pijejo zusammenzustellen: aslov. *grabijǫtъ, *jadejǫtъ, nicht grabętъ, jadętъ usw. Vergl. Grammatik
III. 189.

Aus dem Gesagten ergibt sich, dass aslov. ia, ѩ und ѧ, ꙗ im bulg. den gleichen
Reflex haben können. Diese Erscheinung ist nicht jung; auf der Gleichheit der Reflexe
von ѩ und ѧ, ꙗ beruht die Erklärung einer Eigenthümlichkeit bulg.-slovenischer Handschriften, die mit bulgarischen nicht zu verwechseln sind. Diese besteht darin, dass
ꙗ für ѩ und umgekehrt ѩ für ꙗ steht, da der Bulgare in der Aussprache dieser Laut-
gruppen keinen Unterschied machte. Was von ꙗ und ѩ, gilt von да und дѭ, ча und
чѫ usw. Aus ją entwickelte sich ję und aus diesem je, das der regelmässige Reflex des
aslov. ję ist. a) ѧ (ꙗ) für ѩ: банѧ, d. i. банꙗ für банѩ. внѫтрьнѧѧ für внѫтрьнꙗꙗ.
глаголѧще für глаголѭще. вьсталѧщи. начинаѧще. прѣбываѧщоу. градѫщѧѧ für градѫ-
щꙗѩ usw. b) ѩ (ꙗ) für ꙗ: жѧло für жꙗло. бещѩдить für бещꙗдить. водицѩ für водицꙗ.
своеѩ für своеꙗ. нашѩ für нашꙗ. лобзаѩ für лобзаꙗ. градѩщꙗ für градѩщꙗꙗ. бѣшѩ
für бѣшꙗ. рѣшѩ für рѣшꙗ. Daraus erklären sich Formen wie достижещимъ in serb.-
slovenischen Quellen für bulg. -жѧщимъ, aslov. -жѫщимъ. Ebenso стоющи, оть землю
misc. für aslov. стоѭщи, отъ землѭ. раждаѥщи slepč. 115. beruht auf -ѧщи, -ѩщи.
Ausser diesen Fällen wahren auch die bulg.-slovenischen Quellen den Unterschied
zwischen ж und ѧ: идѫ. чтѫтъ. вѣрѫ. притѣхѫ (tek). мѫжь und мѧ. сѧ. девѧть. клѧхъ.
хотѧща usw. Die angeführten bulg.-slovenischen Formen sind dem pat.-mih. entlehnt.
So erklären sich шѩпа für das heutige šерę, ursprünglich šерą; бѣшѩ, дашѩ, дроугыѩ
стравы, грады своѩ, мышцѧ, ношиѧ, брѧзѧꙗ usw. in Priča. Während ich das Gemein-
same von ѩ und ꙗ in je finde, glaubt Jagić, Archiv III. 343, die Verbindung beider
Laute in a gefunden zu haben.

A. Im dslov. hat sich ě in der Form en in vielen Fällen erhalten: glendai, menßo,
obrenstem, peni, ßvenßa ligavit, ssvent, ßent, tengli, darsent, fallent, strasent, golement, vidense
neben kolanda, inzic und vidant, buiunt, ferners ma, ta, ßa und ßal, zajele, kloitva usw.
für aslov. ględaj, męso, obręstemъ, pętъ, sъvęza, svętъ, *žędъ, tęg-, dręžętъ, hvalętъ, strašętъ, *golê-
mętъ, vidęšte, kolęda, językъ, vidętъ, bojętъ, mę, tę, sę, vъzęlъ, zajęli, klętva usw. Die Sprache
der Bulgaren in Siebenbürgen 141.

B. In den eigentlich bulgarischen Denkmälern älterer Zeit findet man ѫ auf verschiedene Weise wiedergegeben. Op.: жьдни; веселіатъ, хваліатъ, боіатъ са; носѣть, смотрѣть, слаѣть; мислить 250. 251. 260. 261. 263. 265. 267. 280. Zborn.: мачеть, мьчать 249: aslov. *mę́ętъ;* чедо; хоуліать 34. 35. Bulg.-lab.: с: агне. зачеть. честитъ. гледанїе. горещь. имс. езыри. слекавь gekrümmt (слеки Archiv III. 518). ѱета canes. вредь. се, aslov. сѫ. ходеть. поробеть. видеть. ѫ: иэгорать. кѣпонѫть. треперѫть. іа: хваліать. тегліать. а: мьчать. ма. та. са, aslov. сѫ. затиорать. ѣ: мразѣть. срамѣть. вѣнившать. ь: трошьть. жьдѣпаше. жьдша. сь.

I. Ungrisch-Bulgarisch.

In Vinga entspricht dem ѫ nur selten e: *pućélu* initium. *moléć* partic. cv. 47. *za se smetéti* conturbabimini 46. Häufig ist ę: *glę́dej, da uglę́dęš. kolę́dę. kolę́dnici. prejḗl. zęl: vszęlз. zędi* sumsit. *udávęt. ćę́du* Kind. *ćęstu* saepe. *gurę́š* heiss, aslov. *gorę́stъ. preję́ha. jḗktę* seufze. *jęzić,* aslov. *językъ. tęgli. tḗžęk* schwer. *tężnina. vḗžę* binde. *žḗdin* durstig. *žędúvam. žḗtvę* usw. Daneben findet man é: *desêtak. dîtê. klêtvę. mêk,* aslov. *mękzkz. mêsu* caro. *pêtak. rêd; rêdum* überall. *strêsnę se. trêskę* Fieber usw. *a* für ę: *kolada. zal* sumsit. *gladal. nasitat* usw. für *zęl* usw.

II. Südbulgarisch.

Dem ѫ entspricht griech. ε: κρέτα *gréda: gręda.* σέππυ *šépa: *šępa.* σέ κώϊετ *se gójet,* παχύνουν: *sę gojętз.* a, das den Laut ę darstellt: φάρλιατ *fḗrliat: *hvrзlętз.* ράπωτατ *rábotat: rabotętз.* ρώτατ *ródat: rodętз.* αε, das wahrscheinlich dem *eje* anderer Quellen entspricht und *iją* voraussetzt: πόλιαετ *bóliaet: bolętз.* λούμπαετ *libaet: ljubętз.* μίλιαετ *moliaet: molętз.* στώϊαετ *stójaet: stojętз.* τζήνιαετ *ćínaet: ćinętз.* ούζαετ *úćaet: učętз.* ζένιατ *žénaet: ženętз.* aa, das wohl mit αε gleichbedeutend ist: κούπαατ *kúpaat: kupętз.* νόσαατ *nósaat: nosętз.* σέταατ *sédaat: sédętз.* τζήναατ *ćínaat: ćinętз.*

In den Büchern der Propaganda: *e: sporêd. cêsto. sveto. teglat* patiuntur. *ze, zêha: vszę, *vszęhą. a: teglat.*

Bei Mil. liest man те, дете, зеде sumsit, веке jam, eigentlich amplius, neben сѫ. сѣ, aslov. *sę.* Dem aslov. *nosętз* steht посееть 440. gegenüber.

Mančov schreibt дѣте, праветь, редъ; Vêženovъ сѫдать usw.

III. Nordbulgarisch.

Cankof: *véke, véće: vęšte. glédam. gorę́š* heiss neben *sù (sę): sę* usw.

Vuk im Dodatak: гледай. преде. шетпала usw.

Rakovski: теглѫть; имѫ, мѫ, сѫ; глѣдашь, поѣнижла usw.

Čolakov: време, шега, зетъ neben мѫ, тѫ, сѫ usw.

Drinov: име, светъ, често, вече neben вѣче usw.

Resultate: 1. Dem aslov. ę entspricht bulg. in den meisten Gegenden der Laut e: zet, aslov. zętъ. 2. Dieser Laut wird durch e wiedergegeben: svet. aslov. svętъ. 3. Zu Grunde liegt dieser, kein dumpfer Laut. 4. Das bulg. e aus aslov. ę beruht wie das

3

nslov. auf älterem *en:* die Übereinstimmung wäre vollständig, wenn die Länge des bulg. *e* nachgewiesen wäre.

V. Ѣ.

Das aslov. ѣ hatte ursprünglich den Laut eines gedehnten *e, ē,* woraus sich der Laut *ea, ia, ja* entwickelte. Daraus folgt jedoch nicht, dass in jeder einzelnen slav. Sprache von *ē* auszugehen sei, namentlich scheint mir im Bulg. der Laut *ea, ja* als Ausgangspunkt angenommen werden zu sollen. Thut man dies, so stellt sich *e* für *ja* als eine von bestimmten Bedingungen abhängige Ausnahme dar. Diese Bedingungen sind *a)* die Tonlosigkeit, indem *ea, ja* der tonlosen Silbe in *e* übergeht: дѣл pars, дeлé dispertio; *b)* ein heller Vocal oder ein auf *ea,* ja folgendes *č, ž, š, j:* плѣвъ, plur. плéви stramen; голѣм, plur. голéми; млѣко (neben млекó), млéчна; надѣвам се, надéжбъ; смѣх, смешна; пѣснъ, пéјъ. Was von ѣ, gilt von dem gleichlautenden ja: *a)* јак, зајечѣвам; *b)* пијáн, пијéни. стукли, aslov. *stojali,* per.-spis. IV. 75: плéвп, надéжбъ, пијéни sind durch eine Art von Assimilation hervorgerufen. Der durch ѣ ausgedrückte Laut ist nach meinem Gehör von dem Laute *ja* nicht verschieden, und es scheint mir, dass überhaupt einsilbiges *ea* von *ja* kaum unterschieden werden kann: dem widersprechen einige bulg. Grammatiker: Cankof lehrt, *ê* (ѣ) laute *ēa;* nach per.-spis. I. 174, Neue Folge, soll ѣ gesprochen werden слѣно и малко протегнѫто, но не като ia или я: diese Ansicht mag durch das mit ѣ wechselnde *e* hervorgerufen worden sein. Andere Phonetiker lehren, дѣдо, дѣдовци sei діадо, діадовци (діадо, діадовци) zu sprechen per.-spis. VII. VIII. 109. Mit diesen Grammatikern stimmen jene Schriftsteller überein, die, nach russischer Art, грях, излязла, отряза, невяста schreiben XI. XII. 153. 156. 157. Vuk schreibt *ě:* гулѣму, ohne sich über den Laut dieses Zeichens auszusprechen: er fordert für den Laut des *è* einen eigenen Buchstaben 49. Oft klingt mir ѣ nicht wie ja, sondern wie ein stark offenes e, etwa wie magy. e in nem, das dslov. durch neam ausgedrückt wird: diesen Laut, den Brücke 27. durch eᵃ bezeichnet, mag Vuk bei *è* im Sinne gehabt haben. Wer die phonetische Schreibung als das Ziel aller orthographischen Reformen ansieht, wird mit dem Verfasser des Artikels per.-spis. VII. VIII. 110. geneigt sein ѣ zu beseitigen und statt desselben ja und e zu schreiben: пдјáвъ und плѣви, und dieses Ziel wird angestrebt und mit der Zeit erreicht werden. Dieser Arbeit ist jedoch nur ein bulgarischer Vuk gewachsen.

Ich werde hier den Buchstaben ѣ beibehalten und ihn anwenden: гдѣто нѣкога и нѣкѫдѣ se слуша звук я *(ja),* a нѣкога п нѣкѫдѣ звук e per.-spis. II. 27; IX. 77. Im westlichen Bulgarien, wo sich die Sprache der serb. nähert, wird гнездо, место, снег für гнѣздо, мѣсто, снѣг gesprochen VII. VIII. 110. Anderwärts hört man Ievo: льево čol. 114.

Die angegebene Regel über den Gebrauch des ѣ setzt eine grammatische Kenntniss des bulg. voraus, deren sich nur wenige rühmen können: es hat daher ein Grammatiker die Wörter mit ѣ taxativ aufzuzählen unternommen, wie dies hinsichtlich desselben Buchstabens auch im russ. nothwendig ist. Dragan V. Манčov, Бащтпнъ языкъ. Ш. год. I. дѣлъ. 120. Daselbst findet man auch die Wörter mit ъ, ы, ь, я und ѫ angegeben. Correctes Schreiben des bulg. wäre nach dieser Ansicht nur einigen gelehrten Slavisten möglich: die Erfahrung wird die Überspanntheit dieser Forderungen darthun und zur phonetischen Schreibung drängen. Vergl. Grammatik 1. 364—366.

A. Im dslov. steht dem aslov. ѣ gegenüber ea, a, e: ea (ia, ya): beßeada. deal. meaßto. szveat: свѣтъ. teaf: тѣхъ. biaha. csliak: ѧлоѵѣкъ. goliam, golyam. liab, lyab: хлѣбъ. a: beßada. ißlazuva: излѣз-. nafto: нѣкъто. ßvat: свѣтъ. csaß, csiaß. e: be. befme: бѣхомъ. besse. beßedi. cslecse. golemi, goliemi. izle, izlie: излѣз-. ßeakaf, ßakaf, ßakvo ist *вьсіакъвъ: vergl. kakѵv. Die Sprache der Bulgaren usw. 142.

B. In den älteren bulgarischen Denkmälern: zborn. тіахь. лянца спіатъ. тіахь, тнахь neben техь. тіахна, тніахно und техни. даца: дѣтьца. цалуѵамс 32. 34. 40. 41. 44. 54. 57. Op. бѣсоѵе. тіахь. тіамь 267. 270. 271. 272. 273. 276. Bulg.-lab. голѣмь. нѣтрь. прѣмс; нóсѣшс. шѣха ѵolebant. Daneben чрьвя та und зáндеше occidebat.

I. Ungrisch-Bulgarisch.

In Vinga: blêsne es blitzt. blêskẹ. blêsvẹ iterat. blêskẹvicẹ Blitz. cêr Arzenei. cvêt Blüthe. čelêč Mensch. lêp Brot. mêsec Monat. nê für ne je. pumáne Todtenmal: serb. ˙daća, karmina. plêvẹ Stroh. snêg Schnee: snegẹ́ mit Art. srêč in der Mitte. svet Welt neben svêtlusta die Helle. vrêdin würdig. Daneben cẹlúvẹm küsse. cẹlúvkẹ Kuss. Man merke smẹlêvẹm minuo. dunesêvẹm affero usw.

II. Südbulgarisch.

Griechisch: πώελλι͜α повелѣ. βρέμε врѣма. σρέστη звѣ:дъ. ι͜ζλέζατ излѣзѣтъ. ι͜ζλέжωχ излѣгохж. μλέχω млѣко. μέστα мѣста. ρέκι рѣкъ. σεντέλω сѣдѣло. τζόεχω т ѧлоѵѣкъ тъ. σφέτο т свѣтъ тъ. πέητ нѣнетъ. μπέσσε бѣше. ζάπρα σταμάτησε запрѣ. In den Büchern der Propaganda: grèh, greh. mèsto, mesto. svèt. cilèk. bèha.

III. Nordbulgarisch.

Cankof: bêl f. vêrẹ. vêtẹr. vêdró. Vuk im Dodatak: бѣла, бѣлп. врѣме. вѣтер. нѣха. вѣјал. канѣше. видѣла. Rakovski: бѣлъ. добрѣ. дѣте neben чпріасло. Verschieden von dem bisher behandelten ѣ ist das durch Dehnung des c aus ѧ entstandene: наріаждам (паряждам), стіагам, впріагам, кліакам, ліагам, wofür auch нарежлам usw. aus редж, стегнж, впрегнж, клечж und лежж, Stamm rẹdi, tẹg, нрẹg, klẹk und leg, präs. lẹg, per.-spis. іх. 73.

Resultat: 1. Dem aslov. ѣ entspricht bulg. je nach den folgenden Lauten und der Betonung ê (ja) oder e: pêsnẹ neben pêsen und pesní: aslov. pêsnъ, pêsni. 2. Historisch wird man in allen Fällen ѣ, phonetisch ja oder e schreiben. 3. Als urbulg. scheint ja angenommen werden zu sollen. 4. ja ist in dieser Ausdehnung nur dem bulg. und dem dslov. bekannt: dêl, d. i. djal bulg. und dslov., nslov. dêl, dessen ê wie magy. é in szép lautet.

VI. Silbebildendes Р. Л.

Aslov. trъt, das nach meinem Dafürhalten trt lautete, wird bulg. trъt, d. i. trẹt. tъrt. d. i. tẹrt, und hie und da trt gesprochen. Analog wird tlъt behandelt. Vergl. Grammatik I. 362. Geschrieben wird пръба und върба, влък und влък. тпрьдо und твърдо,

3*

дрѫво und дѫрво, градина und гардина, крѣв, кѣрв und крu dod. 8. Die Vingaer schreiben trat und tart. Im τετράγλωσσον λεξιχόν liest man πάρβα. βάλνα für aslov. *prѣva. vlѣna*. Da ж zu ѣ herabsinken muss, a zu ѣ geschwächt werden kann, so liest man грѫди und гѫрдп mil. 125: aslov. *grǫdi*, d. i. *grōdi*, трѫпеза und тѫрпеза mil. 119: aslov. *trapeza*, стрьны und стѫрш: aslov. *strany*.

Da *trt* und *tlt*, wie es scheint, auf einen Landstrich beschränkt ist, so hat man bei der phonetischen Schreibung die Wahl zwischen *trѕt*, *tlѕt* und *tѕrt*, *tѕlt*. Man beachte brkna, crn, krst, krši, krv, prst, srdce, prevrzam und dlžina, slzi per.-spis. 1882. 180. 182. 185. 187. 188.

Die aslov. Formen *trѕt* und *tlѕt* zerfallen in zwei Kategorien, indem die einen auf solchen älteren Formen beruhen, in denen der Vocal nach *r, l* steht, während in den anderen der Vocal ursprünglich vor *r, l* stand: aslov. *brѕvь* supercilium und *-glѕtiti* deglutire stehen jenes russ. *brovь*, lit. bruvis, dieses russ. *glotatь* gegenüber; *brѕzѕ* citus und *glѕka* tumultus entsprechen russ. *borzyj* und *golkъ*. Da man nun in für bulgarische Katholiken lateinisch geschriebenen bulg. Texten: Knigice od molitvi Rom. 1866 und Nauka kristianska 1869, in einer Anzahl von Wörtern die ältere Lautfolge gewahrt findet, so kann man geneigt sein anzunehmen, diese ältere in einigen slavischen Sprachen verwischte Lautfolge habe sich im bulg. erhalten: *a) glatni* deglutit. *vaskräsnah* resurrexi; *vaskrasnovane; vaskrasnim. kras, kräst* crux; *isukrastov* Jesu Christi; *kraštene* baptismus; *krastät; prikrasti. krѵv, kräv* sanguis. *stramno* declive. *trassi* quaerit, *trassil*, wenn es mit nslov. *trsiti se* curare und mit lit. *trusoti* sich bemühen zusammenhängt. *b) bardo* clivus. *barz, barza* citus. *dalbočina* profunditas, das mit *dlѕb*, russ. *dolbitь* zusammenzustellen ist. *daržal* tenuit. *martvi, märtavi* mortui; *smart, smärta* mors. *palin, pälin* plenus; *napalni* implevit. *pärvo* primum; *parvia t, pärvia t. sarce, särce* cor. *tarni* spinae; *tarniv. se varni* revertitur; *obarniš; preubarnat. varzan* ligatus; *odvaržiš.* Dagegen liest man auch *a) salzi* lacrimae. *b) dalghi* debita neben *dlažin, dlažnik* debitor. *prast* digitus und *slѵnce, slänce* sol. Ebenso schreibt man in Vinga: *a) kras* crux. *isukras; isukrastov; krastjane* Christiani; *krastjanska. kraštenji* Taufe. *kraf* sanguis. *trasil. b) barzo. čarkva. čarvej* vermis. *darža* teneo. *dald* debitum. *dalak* longus. *pregarna* amplector. *smarti; martavi. palen* plenus; *napalnuva. parva* prima. *sarci. tarpel. tvardu. varu* aus *vrѕhѕ; izvarša. se varni* revertitur. Daneben *a) karvav. salzi; salzuvit. b) dlažnici, dlažnusti. draž* tene. *pregraštet* amplectuntur. *smrać; smratin. mrakne*, aslov. *mrѕknetѕ. slance.* Bei *vazfraknal* resurrexit, eig. er flog empor; *vazfraknuće* resurrectio fehlt Vergleichbares. Vergl. meine Abhandlung: Über den Ursprung der Worte von der Form aslov. *trѕt.* Denkschriften XXVII. 1877. Bei dem Schwanken zwischen *smarti* und *smrać* usw. ist der Gedanke an die Fortdauer der älteren Lautfolge im bulg. aufzugeben: *proždarlost* voracitas duh. 92. zeugt für die Entstehung der bulg. Form aus *proždrl-, prožrl-.* In den älteren Denkmälern liest man nur rѣ, rь oder lѣ, lь, sehr selten ѣr usw.

A. Im dslov. findet man *bardo. darsent. kѵrf. karst. szmart; cserkvi. dalgo* lang. *dalsni* schuldig. *kalnam. iβpalni.*

B. In den älteren Denkmälern der bulgarischen Sprache. Op.: дрьжишь. крьви. сьмрьтии. омрьсена. обрынатъ neben чорвіе, черкова, чернило, исчерпане 252. испльнⷮю-натъ, сльнце.

Zborn.: чрькква, черквⷶ. крьстъ, крстъ. прьлича 32. 36. 38. 40. 44. напалнено 39. трасихме 36.

Bulg.-lab.: брьзь. дрьжи. фрька volat. фрьли, einmal фьрли jacit. грьне п. крьпа. мрьсиме maculamus; мрьсныи. мрьыпа cadaver. мрьтыи. сьмрьть. срьднтина iracundia. стрьмно steil. трьстика. торьдѣ. спрьши neben черконь. черкона. iаблька. мльком clam. пльны. пльтъ. плькь. Aus einem Druck des siebzehnten Jahrhunderts: исв карста. мартвыи. наскаршньнеш neben цаеркив. салзи. ис налти neben делгw und плвхвнание Archiv III. 518—521.

i. Ungrisch-Bulgarisch.

In Vinga wird gesprochen: r: *bẹrvi*. *bẹrzẹm* eile; *bẹrži* citius. *cẹrkẹ se* krepirt. *cẹrgẹ* xлínη *cẹrkvẹ* Kirche. *cẹrvej* Wurm. *dẹrvó* Baum. *dẹržẹ* halte. *frẹknẹ* fliege. *gẹrlicẹ. gẹrgẹlicẹ* Turteltaube; *gẹrliče* deminut. *gẹrlu* Kehle. *grẹmnẹ* donnere und *gẹrmẻt* Donner. *pregẹrnẹ* und *pregrẹ́štem* umarme. *jẹtẹrvi*. *kẹlnẹ* fluche. *vẹskrẹ́snẹ, vẹskrẹsnuvẹm* stehe von den Todten auf. *krẹs* Taufe; *krẹštem* taufe; *isukrẹst*; *krẹstjánin*. *krẹv* Blut; *krẹ́vẹv*; *krẹ́vnẹt* vollblütig. *mẹrdẹl* bewegte. *zẹmrẹknẹl. mẹ́rtẹv*. *prẹst* Finger ev. *pẹrvi* der erste. *hẹ́rgjẹv* schlecht, eig. rostig. *utẹrve* befreit ev. *rẹž* Roggen. *sẹrce* Herz; *sẹrdẹ se* zürne. *svikẹ́rvẹ* socrus. *smrẹ́č* mors ev. *trẹ́gnẹ. tẹrpézẹ. trẹs* Rohr. *tvẹ́rde* sehr. *vẹr* supra aus *vẹrh; svẹ́ršẹ. vẹrtline* τότος τῶν ἡλιῶν ev. 69. *vẹrvẹ́* gehe. *zẹrnó. žertva* duh. 211. ist in Vinga unbekannt. Daneben *bŕže. pregŕbili* krümmten. *zrno*. l: *bẹlgare. izdẹlben; dẹlbok (dalbok)* tief. *dẹlẹk (dalak), dẹlgju* lang. *dẹlgj* Schuld; *dlẹžil* schuldete; *dlẹžin, dlẹžnici; dlẹžnus* Schuldigkeit.· *mẹlčẻsći* heimlich. *pẹlnẹ* fülle. *slẹ́nce. sẹlzẹ* Thräne; *sẹlzuvit. vẹlća* der Wolf ev. 70. *zlẹš* Galle 54. Daneben *iztulmači* ev. *ẹ* wird durch *â, a* ausgedrückt.

ii. Südbulgarisch.

Griechisch *ар*: τζάρκφα *cẹrkva, crakva*. τζάρνω *cẹrno, črono*. σε τζάρβαννε se *cẹrvẹnit*, *sẹ črevenito*. хάρφ *kẹrf, krevo*. πάρβα *pẹrva, prova*. сμάρτα *smẹrda, smroda*. βάρμπα *vẹrba, vreba*. *ар*: πάργω *bẹrgo, brogo*. τάρβα *dẹrva, drova*. τάρζητ *dẹržit, drožito*. γκάρμητ *gẹrmit, gromito*. σκάρσσενω *skẹrseno, sokrošeno*. *ар*: τνέρβια *dẹrvija*, *drsvija*. τέρζητος *dẹržiš, drožiši*. έρας *erš, reš. op*: τζέτβορτοκ *čẹtvẹrtẹk, četvrotoks. αλ*: βάλνα *vẹlna, vlona*. σάντζε *sẹnce* aus *sẹlnce, slonce*. αλ: χάλτασς *gẹltaš, glotaješi*. ίσταλτζησς *istẹlčiš, istločeši*. τάλκα *dẹlga, dloga*. κάλιτζησα στουπία dan. 24. hängt mit aslov. клъкъ zusammen: *kločišta*. *ολ*: ιάπόλκη *jábẹlki, jablsky*. πώλνα *pẹlna, plona*. πόλζαη *pẹlžoi, plsžove*. βόλχο τ *vẹlko t, vloko ts*. βόλκεν *vẹlnen, vlsnẻns*. Daneben serb. τζоυνν *čun, člsns*.

In den Büchern der Propaganda: *barza. märtávi, smárt, smärtin. pärvo, parvo. sárzh, sarze. tuárde. ciärkua. varhu. váskräsnâh, váskrasnah, váskrâsnah. krastä t* das Kreuz, *krästini, prikrasti* bekreuzt. *prästi* digiti. *pálno, palno, pälin. salzi. dlaxin* schuldig.

Mil. дьрво. гьрло. ьтарвн. жьлтн. волкъ. жолтн.

iii. Nordbulgarisch.

Cankof: *prâs*, d. i. *prẹs*, m. Finger. *prâs* f. Staub, Erde. *prâvi* erster. *plûn*, d. i. *plẹn*, voll. *plûh* Ratte. *plûzẻ* krieche.

Vuk im Dodatak: дрво. грловида. пстеп. сpдe und чердак. жьлтида neben жьтида. дъзи longi. съзи lacrimae.

Rakovski: чьрпа. чьрвено. дьрпо. фьркали. гьрды. кьрпн. рьжь. сьрдчнце. вьртѣше. дьлго. пльзида или пльзида. сльпце. жьлты.

Drinov: гърдкнй, гърчкнй. твърдѣ; българско. пълна und пълень. Vergl. Grammatik
1. 362. 363. 364.

Der Laut ę steht folgenden aslov. Lauten gegenüber: ъ: vęn, aslov. vъnъ. ь: pęstęr,
pьstrъ. ж: dęb, dąbъ. a: gębę, gąba. Ausserdem wird silbebildendes r und l durch
ęr, ęl oder durch rę, lę wiedergegeben: tvęrd, vęlk, aslov. tvrъdъ, vlъkъ. Daraus ergibt sich die grosse Verbreitung des ę im bulg.

Resultat: 1. Dem aslov. silbebildenden r, l entspricht bulg. rę, lę oder ęr, ęl oder
endlich gleichfalls silbebildendes r, l: tvręd, tvęrd, tvrd, aslov. tvrъdъ. 2. Die dritte
Schreibung macht auf den Namen einer historischen Anspruch; die anderen sind als
phonetisch zu bezeichnen. Die gegenwärtige Schreibung ist sehr schwankend. 3. Auszugehen ist von den silbebildenden Lauten, aus denen sich rę, ęr usw. entwickelt haben.
4. rę, ęr usw. sind dem bulg. eigenthümlich; das dslov. kennt nur ęr usw. Dem aslov.
und dem nslov. sind diese Reflexe des silbebildenden r, l fremd.

VII. Є.

Tonloses e lautet im Osten i: дóди. дýмашн. збврéтн рег.-spis. i. 174. Neue Folge.
Archiv iv. 694. e lautet betont hie und da wie je, jo: пьеру Feder čol. 114. сьестрн ib.
зioмат sumunt čol. 107. Vergl. io est 110. In den älteren bulg. Denkmälern wird, mit
seltenen Ausnahmen, e geschrieben.

VIII. O.

Tonloses o lautet im östlichen Dialekt wie u: бугдáно, гулѣм, хрáнену рег.-spis. i.
174. Neue Folge. Archiv iv. 694. prusáture Freier, serb. prosci, Vinga. u und o kann
ausfallen: плетѣхмн, плетѣхте; пнjáхмн, пнjáхте aus плетѣхомн usw. дóдохте. u für o
findet sich manchmal auch in den älteren bulg. Denkmälern. Vergl. Grammatik 1. 367.

IX. НЄ.

Dem aslov. Suffix нк wird bulg. in den Büchern meist нe, ie gegenübergestellt:
желанне; Gerov in seinem leider Fragment gebliebenen Slovar schreibt к: варяканк;
Drinov ьe: разглеждапье. Cankof hat e: дробепé. Daneben liest man unter dem Einflusse des Accentes jeстнjé Speise und jacтé dod. 22. морнjé und морé Meer: морнjé ist
beachtenswerth, da auch aslov. morje auf altem morie beruht. Vergl. Grammatik 1. 370.
Ich schreibe e für нe, ie, aslov. ije: nije ist durch nьje in nje, d. i. ńe, und dieses in
ne übergegangen: die Erweichung des n ist geschwunden.

A. Im dslov. bemerkt man ie, selten i: jeβtie, jeβtye cibus. pittie. poroncsenie.
prostenie. βandenie. tarnie und patini. piti.

B. In den älteren bulgarischen Denkmälern ist e häufig.

Op. нмапо. дрепе. лнсте. здраве. iacte zbor. 33. 35. 49. 54. пнте neben iacтie, пнтiе
270. 281.

I. Ungrisch-Bulgarisch.

In Vinga: *bájęñi* Vorhersagung. *cvéći* Blumen. *dušęsti* Ankunft. *fęłóswęñi* Hochmuth. *grozdji* Trauben ev. *jęsće* cibus ev. *klonji* Zweige ev. 103. *lózi, lózji* Weingarten. *stañi* Zustand. *udsvírvañi* Widerhall. *sireñi* Käse. *tręñi* Dornen. *vesélji* Hochzeit. *vinéñi* Trauung. *zdravi* Gesundheit. *zélji* Kraut. Der Vingaer Dialekt bewahrt die sonst geschwundene Erweichung.

II. Südbulgarisch.

Griechisch: κρόσγις *grozdije*. ημάννε τω τά ζώα *imanije*. κρύλης *krilije*. καζανισένι κέρδος. λόσια τα τά φύλλα *listije*. πώζναννε *poznanije*. πρωστάννε *prostanije*. γίνεννε τροφή *hranjenije*. σφέτια τα *cvětije*. σύρηννε τυρί *syrjenije*. σνόπηα το *snopije*. στράβια *sadravije*. σπάννε *sapanije*. σώσανε τέλος. τάρννε *trsnije*. ζέλιε τα *zelije*. ννε ist vielleicht ñe zu lesen.

In den Büchern der Propaganda: *promislene*. *greseni*. *krastini, krasteni* baptismus. *začeti* conceptio usw.

Mil. гжрмотжрнк. перенк. пиенк. вешчанк. жеpenk. людк und цвѣкс, d. i. *cvéte*.

III. Nordbulgarisch.

Cankof: *navízdane*. *pletené*. *fráste* Gezweige: aslov. *hvrastije*. *cvéte*. *tręne*. *premélde* Gefahr.

Vuk im Dodatak: имане. бијéне. возéне. вéнчéне. шумéне. грозде. jacтé. цвéhe.

Rakovski schreibt не: прѣдложение. население. питание. Ebenso Čolakov neben люде. Bogorov hat meist не: душене. милкуване. миришене.

Resultat: 1. Dem aslov. *ije* entspricht bulg. in den meisten Gegenden *e: pletene* aslov. *pletenije*. 2. Historisch wird *ije, je* geschrieben; phonetisch ist *e*. 3. Auszugehen ist von dem in manchen Gegenden erhaltenen *je: pletenje*, d. i. *pletene*, woraus durch das in so vielen Formen bemerkbare Schwinden der Erweichung *pletene*. 4. *e* für *ije* ist bulg.: es ist dem dslov. *(ñe)*, aslov. *(-nije, -nsje)* und nslov. *(-ñe)* fremd.

X. L.

Erweichtes *l* scheint der Wortauslaute fremd zu sein: wohl aber muss es im Inlaute angenommen und mag durch *lj* bezeichnet werden: льúбе neben льúбе Buhle. льúбъ dod. льúде mil. 532. льулéjъ wiege. льúспъ Schuppe. льут scharf. кльúч neben кличч Schlüssel. препáлювам überheize. Ebenso клѣкам, d. i. *kljákam*, beuge das Knie; препилѣвам. d. i. *prepilavam*, feile zu viel usw. bégljo Vergl. Grammatik 1. 377. *bębljo*. *revljo* Weiner cank. *viselji* Vinga. Neben *sline* besteht *sljine* begeifere cank. ζέλια, aslov. *zelije*. *kral* cank. lautet in Vinga *kralj*; der König *krále t* cank. учителять der Lehrer wird wohl *učitele t* ausgesprochen. Dem aslov. *zemlja* steht *zemja* aus älterem *zemsja. zemija* gegenüber. daher *zemé, zemę* cank., ζέμια dan., *zème* propag.; daher auch *grabenje* verk. 78. земліа bulg.-lab. ist aslov.; *sablja* kač. 333. 446. ist nicht bulg.

mja wird *mña*: bamnja Art Gemüse aus dem türk. bamja ger. 199: basmja findet sich auch serb. Daničić. zemnja kač. 79. 228. 331. 369. 418. 492. 508. Über diese Erscheinung ist ausführlich gehandelt in Beiträge zur Lautlehre der rumunischen Dialekte. Consonantismus II. Seite 40 des Separatabdruckes.

XI. Ń.

Erweichtes *n* scheint im Wortauslaute nicht regelmässig vorzukommen, wohl aber im Inlaute: синьо mil. 60, d. i. *sińo: sin* cank. нѣшто, d. i. *ńašto*, per.-spis. IX. X. 73. препенјувам schäume ab. жпіст mil. 110. wird wohl zweisilbig zu lesen sein. A. Im dslov. wird geschrieben: *biruvanie. poroncsenie. prostenie* ncben *trajene; denio t, ogain, ognio t*, d. i. *biruvańe. deńo. og̡eń, ogńo*. B. In eigentlich bulgarischen Denkmälern: гоненїе, пь ниего und -нїe bulg.-lab.

I. Ungrisch-Bulgarisch.

Vinga: *děń; deń̡ꞓ j nušća* Tag und Nacht. *katadênj* ev. *gjꞓránj* Brunnen, mit Art. *gjꞓráne. koń. óg̡eń. p̡ꞓreń* zuerst. *p̡ꞓseń* Lied. *pr̡ꞓsteń* Ring. *zámeń* immer. *bájꞓńi* Vorhersagung. *bútꞓńi* Bewegung. *krízmꞓńi* Firmung. *pereńi* lotio. *ráždenji. skriptenji* Knirschen. *klonji tu* die Zweige. *ńi* eorum ist aslov. *ńimъ; daneben *néguv. nivꞓ*, aslov. *ńiva*.

II. Südbulgarisch.

Griechisch: τένν dies: aslov. *dъnь*. ράνεννιε *hranjenije*. κάμιννιε *kamenije*. τάρννιε *trъnije;* ferners ημάννε *imanije*. πώζναιννε *poznanije*. πρωστάαννε *proštanije* neben σώσανε; κόννι *końi*. σφίννῃ *svińi* für *svinijꞓ*, d. i. *deń. ráneńe. kámeńe. t̡ꞓrńe. ímańe. kóńi. svińi*. In den Büchern der Propaganda: *kraštêni* Taufe. *jàdêni* Essen. *nêgova* ejus.

III. Nordbulgarisch.

Cankof: *pletené. sin* blau. *trъne* und *nênjov* dem ältern gehörig. Vuk im Dodatak: гледáне. слушáне. мирисáне. хапáне. вѣнчѣне, сѣкáне Blitzen neben *deń. ógiń (ódíń). peń. koń. svińa*.

XII. T vor präjotirten Vocalen.

tja geht durch *tža* in *tša* und in Folge der Metathesis in *šta* über: dass hier Metathesis eintritt und in *tša* aus *tža, kja* nicht, hat wohl darin seinen Grund, dass sich dieses in einer älteren Periode der Sprache entwickelt hat als jenes: das höhere Alter des *tša* aus *kja* ergibt sich daraus, dass *kja* in allen slavischen Sprachen dasselbe Resultat ergibt, während aus *tja* nicht nur *tša, šta*, sondern auch *tsa* usw. entsteht: bulg. *plaštam*, aslov. *plaštają. maštiha* mil. 390.

In einer noch jüngeren Periode verschmilzt *t* mit *j* in *tja* zu einem Weichlaut, der lat. durch *t, ć* ausgedrückt werden kann, kyrillisch jedoch durch кj, ке, кі bezeichnet wird: веке, неке bulg.-lab. *brakja (brajtja* kač. 248). *cveke. treki* mil. κούκια domus dan. 6раhа. цвѣhe dod. Für *t, ć* findet man *t* geschrieben: *domatin, domatinka* kač. 18. 210. 552. 553. Man liest auch *domačin* 206. *če* 553.

Noch jünger als *brata* usw. ist *t* in *pꞓt, pꞓć*, im dod. нah, aslov. *pątь* via. *Moleć* Vinga ev. 47. ist aslov. *molꞓšte; bâdeć* 69. *bądąšte; grêhâć se* sich wärmend 59. vergleiche man mit dem dslov. *ograhuvant*, das ich glaubte mit alb. nghroh calefacere vergleichen zu dürfen. Im Auslaute *pámeć, smrâć* Vinga: aslov. *pamętь, sъmrъtь*. Man merke пьтювс viae bulg.-lab.

Aus bъtjetъ geht *hъttetъ* hervor, woraus bulg. *šte*, *štę* entsteht. Aus diesem wird dialektisch *še: še koli*, d. i. *hъttetъ koljetъ*, occidet per.-spis. I. 172. Für *še* tritt in den Büchern der Propaganda *xa*, *xia*, d. i. *ža*, *že*, *žę* ein: *xa ida* ibo; für *ža* ist in Vinga *za* üblich: *koj ne vêrva*, *za se udsâdi* qui non credit, condemnabitur. *zę vêtę* ligabo. An *še* aus *šte* möchte ich nicht zweifeln: dass jedoch *ža*, *za* aus *še* hervorgehen, ist mir nur wahrscheinlich.

Auslautendes *t* fällt ab: *tręs* arundo Vinga. слась, сладось, старось, радось zbor. 33. 35. 37. 57. Man beachte λύσια φύλλα dan. Vergl. Grammatik 1. 367. 384.

XIII. Д vor präjotirten Vocalen.

dja geht in *dža* und dieses in *žda* über: bulg. *raspęždam*, aslov. *raspęždają*. In einer früheren Zeit ist *dže* auch aus *ge* hervorgegangen. Für *žd* tritt oft *d* ein: осъдени bulg.-lab.: aslov. *osǫždeni*. Fast unglaublich sind gadžam und rdžavica kač. 455. 457. In einer jüngeren Periode entwickelte sich aus *dj* der Weichlaut *d*, *dj: vegi* mil. 236: aslov. *vêždi*. *tuginče* 458: aslov. *tuždi*. гаявол mil. 49: *davol;* dslov. *gyaulo t:* aslov. *dijavolz*. dslov. *lige:* aslov. людіке; bei mil. 532 людіке. доге venit Archiv 4. 694. χρύσγις dan. ist aslov. *grozdije*. Man füge hinzu rѣдо, aslov. *dêdz*, вигѣх, aslov. *vidêhz* per.-spis. 1882. 186. Noch jünger ist *t*, *ć* aus *d*, *dj* im Auslaut der Wörter: *zęrêć* aus *zarad, srêć* aus *srêd, nęzáć* aus *nazad* Vinga.

XIV. K.

Ursprüngliches *k* kann in *č (tš)*, in *c (ts)* und in *t*, d. i. erweichtes *t*, übergehen, das durch *ć* bezeichnet werden kann, serb. durch h bezeichnet wird. Hinsichtlich der Verwandlung des *k* in *č* und *c* steht das bulg. mit den übrigen slavischen Sprachen in den meisten Fällen im Einklang: eine Ausnahme bildet колпина, das auch in bulg.-lab. vorkommt: хандъте daselbst ist zu *hajdut* zu stellen. In der Verwandlung des *k* in *č* geht das Bulgarische seine eigenen Wege: k wird t vor i auch aus тı: *sêči* omnis. *visočija* der hohe. *štęmpárštia* des Buchdruckers. *smućini* Feigen Vinga. широни dod. Auf Metathese des *j* beruhen маña, почна neben майна, войсна dod. Man hört auch майña kač. 71. 75. 92. 311. 475. majkja mil. 193; ebenso devojtja 129. 282. devojkja. aščijtja 518. meandžijtja 308. furća mil. usw.

Eigenthümlich ist der Übergang des k in t im Auslaut: *čelêč* Mensch neben *čelêkú:* aslov. *človêkз tз:* doch auch *vęlč* Wolf und *vęlčę: válča* ev. 70. der Wolf. *pâtnič. samičeč* solus Vinga. Dasselbe findet sich im Nord- und im Südbulgaris·ben. Vergl. Grammatik 1. 381.

XV. Г.

Wie *k* in *č*, *c* und in *t (ć)*, so geht *g* in *ž* aus *dž*, in *z* aus *dz* und in *d (dj)* über. Dem *g* steht in Vinga häufig *d* gegenüber: *dęld (dâlgj, dalgj)* Schuld ev. 99. plur. *dâlgjve. dęldu (dâlgju)* longum ev. 18. Dasselbe tritt ein in *evęndeli (evângjeli)* ev. 8. *derdev den* Georgii dies kač. 81. Bulg.-lab. schreibt гюнендъи, das serb. ђyneruja für младожења lautet. Vergl. Grammatik 1. 381.

4

XVI. 3.

Statt des aslov. *z* findet sich bulg. hie und da *dz (zvuk, koj-to i do sega se je zavardil v nêkoji oblasti bęlgarski* per.-spis. II. 22). Dies findet statt in jenen Formen, in denen die Verwandlung des *g* in späterer Zeit eingetreten ist, daher vor Allem in der Wortbildung: *bladzê* mil. 53. 120. 148. *disadzi, bisadzi* kač. 568. *drúdzi* τρούτζη neben *drúzi* τρούζη dan. 1. *kovčedzi* per.-spis. XI. XII. 174. *nodze* mil. 5. 31. 60. 82. 441. kač. 79. 119. *nodzi* per.-spis. XI. XII. 162. νότζη dan. 49. *pólodzi* von *pólog* Nestei cank. 7. *póstedzi: stégni go s dvanáes póstedzi* per.-spis. I. (1882). 164. нostѣ bulg.-lab. *nódzê* (nostѣ). *pomodzi* (помози) bulg.-lab.: ersteres oft und nie anders; letzteres 60. b. In der Stammbildung: *mnodzina* mil. 376. мнwsина bulg.-lab. 58. b. *bladzê* entsteht nach meiner Ansicht aus *blagjê, bladjê, bladzê; blazê* aus *bladzê* durch Ausfall des *d*.

Schwieriger ist die Deutung des *dz* dort, wo es nicht auf den Gesetzen der Wort- und Stammbildung beruht: *méldzi*, richtig *męldzi*, μέλτζη ἀμέλγῃ dan. 41. In manchen Worten thun andere Sprachen die Jugend des *dz* dar: *dzvezda* zbor. 32. 48. mil. 83. 139. 256. op. 262. 265. 281. свѣзда bulg.-lab. per.-spis. XI. XII. 173. ključ. 40. *dzvêzdę́* cank. 7. *dzvézdę*. свѣзда kač. 55. *dzvêzda* 342. 567. Vinga: vergl. poln. *gwiazda. dzvonove* kač. 534. *dzvęnéc* cank. 7: vergl. poln. *dzwon*, nach Linde ‚w dawnych pismach' zwon: damit vergleiche man свегнаха erklangen bulg.-lab. 79. a. und lit. žvengiu. *dzi* in *nejdzin* ejus f. mil. 1. 39. 50. 90. 131. 312. *óndzi* cank. 7. beruht wohl auf *ónzi:* vergl. lit. gi. esanь aegrotus bulg.-lab. 101. a. hängt mit aslov. *jęza* morbus, nslov. *jeza* ira und poln. *jędza* furor zusammen. Entlehnt ist непѣсе bulg.-lab. 71. b.

Bei anderen Worten lassen uns die slavischen Sprachen im Stich: *dzvêri* op. 273. 274. *dzveri, dzverie* zbor. 51. 53. *dzvere* mil. 12. *dzvêtv* ključ. 40. свѣрь bulg.-lab. 98. a. 108. a. b. свѣрин kač. 31: vergl. poln. *zwierz*, lit. *žvêris*. *pędzęštę* Vinga: aslov. *plзêti. sędzi* mil. 20. 30. 35. 71. *sędci* 144. *soldzi* 339. *soldci* 26. *sзldzi* 45: aslov. *slзza. dzizdje* mil. 159. *dzizdañe* 3. τζήσστο τ, στίσο τ *(dzízdo t:* die zweite Form ist wohl *zdízo t)* dan. 29. *dzid zadzidano* per.-spis. IX. X. 87. *dzid* Vinga. *dzidve* duh. 212. *uzdzida, uzdzidil, dzidare* Vinga ev. 28. 29. 108. *dzizdą́štei, sзdziždetъ* aus einer bulg.-slov. Quelle. сиданїc bulg.-lab. 66. a. Die Ansicht von dem Ursprunge des Wortes aus *sзda (sзdê), zda* scheint irrig: man vergleiche Daničić, Osnove 31. 32. наsaдъ bulg.-lab. 93. b. *dzádnicę* podex cank. 7. *dzlo, dzle, dzlina, dzloba* zbor. 33. 49. 50. 57. 59. sлo, sлoбa kač. 26. 28. 29. 31. 32. 39. Vergl. Beiträge zur Lautlehre der rumun. Dialekte. Consonantismus II. 62. *nadzerne* kač. 523. *dzirka, prodzirka* mil. 531. *dззkalo. dzêrkalo* ključ. 40. 42. *dzêrnę mi sę* es schien mir cank. 7. In ključ. 140. werden noch angeführt sѣи, sѣпa, sивъ; Archiv III. 518. bietet хариsa. свеsaпa neben хариsвем. saвese. *dzevnica* kač. 457. 567. von aslov. zemlja. Vergl. Grammatik 1. 381.

Auf *dz* aus *g* beruht vielleicht *zd* in aslov. *vezdetъ* neben *vezetъ* vehit: aind. *vah* aus *vagh.* nslov. *brezdêti* neben *brezêti: brezdí* neben *brezí* illucescit; slovak. *zbriezdilo sa:* vergl. aind. bhardž, bharga Glanz: dagegen aslov. *brêzgз. z* in *brezêti* ist sehr auffallend. bulg. *sзjuzd* Band aus *sзjęzd:* aslov. *sзązз*, aind. angh. *żeljezdo* ferrum bei pul. 25. 26. In diesen Fällen hat wohl Metathesis stattgefunden: *zd* aus *dz*. Aus einem älteren *kladędzз* zogr. ist *kladenцъ* und aus diesem *kladenъцъ* entstanden. Aus στρεαντσιμήρης per.-spis. I. (1882). 31. möchte man als den wahren Namen стрѣдзимѣръ erschliessen: vergl. *strêzimirъ, strêzъ, strêzo* usw. im Rječnik von Daničić.

Wie *dz* für *z*, so tritt auch *dž* für *ž* ein: `bedže` mil. 179: *beg. pólodže* kleines Nestei cank. 7. *dželêzo* Eisen. *ubladža* dulcescere: κόκκι τά σε συμπλάτζαετ; rumun. *κίρι σε πυολ-* τζιάσκα; ngriech. σὰν γλυκανθοῦν dan. 9. *kaludžerski* kač. 306. *koledžane* 75. *lędžica: ladžica* Löffel per.-spis. XI. XII. 148. 151. *madžie* kač. 133. *dęldžina: dáldžina* Vinga, bei mil. 269. длжжина. Rumun. *prędžínę*, wofür auch *prężínę*, scida ligni lässt ein älteres slav. *prądžina* erschliessen: bulg. *prężínę*, čech. *pružina:* Thema *prąg.* Damit vergleiche man aslov. *inoroždь* monocerotis von *inorogъ. hudoždьstvo* lam. 1. 147. von *hądogъ.* bulg. забрежане neben забреже dod. 42. Zig. steht zwischen *dž* und *g* der Laut *d: giv, div, dživ.* Über die Mundarten usw. IX. 30. Man vergleiche meine Abhandlung: O slovima a usw. im Rad IX; Priča 6. Jagić im Assemanov ili Vatikanski evangjelistar XIII. Vergl. Grammatik I. 251. Potebnja, Archiv 3. 358. R. Scholvin, 7. 24.

In den Formen von *brъz* und *lêz* tritt nicht selten *g* für *z* ein: *bъrgo, bъrgo, borgo* mil. 2. 4. 15. 34. 52. 53. 75. 84. 88. 106. 143. 148; ebenso im Osten des serb. Sprachgebietes. бжргозбориица mil. 15. брго per.-spis. XI. XII. 173. *bergu* kač. 527. neben *bęrz-.*

vleglo intravit. mil. 269. *vlegvêt* intrant 70. 530: **vslêguvatъ. izlego'a* 150. *izlego'e* 48. 98. 119. 312. *izlekoa* dslov. 143. ιζλέκωα dan. 1. *izlegvêt* mil. 48. *izlegviš* 15: **izlěguvaš. proizlegvit* VII. 52. *slegla* descendit 6. *slegof* 22. *slêgohme* verk. 22. *slego'e* mil. 95. σλέκογ κατέβηκα dan. 36. *slegvam* mil. 67: **sъlêguvamъ. sleguvat* 34. *slegve'e* 95: **sъlêguvahą* neben *izleze* 15. 101. ιζλέζατ dan. 40. und *vlêl* intravit. *izlêla* exiit čol. 134. 281. 282. Vergl. serb. *izljesti* neben *izljeći, izljegnem* exire.

XVII. J.

Schon Vuk hat im Dodatak 49. die Unentbehrlichkeit des *j* im bulg. ausgesprochen: „j je у бугарском језику готово још нужније него и у српскоме, и. п. земја и сабја. у млож. брою земји и сабји како би се без j паметно могло записати?" Hoffentlich werden die Bulgaren die der Einführung des *j* entgegenstehenden kirchlichen Skrupel überwinden, wie sie die Serben überwunden haben, und nicht mit S. D. Věženov 89. wnчо, крaw, sondern jончо, крajo, auch nicht mit per.-spis. I. 171. ракйiъ für ракйjъ und mit bulg.-lab. моа, бowвe, боniвe schreiben. Bei den Vingaern findet man *sabja, sabji.*

j geht, wie mir scheint, in *d* über im Pronomen für eos, eas: *raztuši gji, pumugni gji* duh.-glas. 134. *gji* eos ev. 6. 79. neben *ji: da ji pogubi* 9. *gji*, d. i. *di*, beruht auf aslov. *ję*, woraus zunächst *je* und aus diesem, da es tonlos ist, *ji*, *di*. Man füge hinzu ria ego mil. 439. риaскъ ego 438. гiаребиди 439. на periа in ca aus *na *njeją* ibid. бориа джиги Färber 437. In den meisten Gegenden wird, wie mir versichert wird, *ji* durch *gi* aus *di* ersetzt.

Nach den Lauten *č, ž, š* schiebt sich oft ein parasitisches *j* ein: чюдии. чюжди bulg.-lab. *ključjuve* claves. τζιούβατ φυλάγει dan. *ciuj* propag. *kožjuh.* Für unrichtig halte ich die Ansicht, j sei in diesen Fällen ursprünglich Vergl. Grammatik 1. 291.

XVIII. Щ.

щ ist durchgängig durch шт zu ersetzen: одеештем, плачеештем, кълнеештем mil. 345. свещѣ Licht. Die Gruppe *šč* kennt das bulg. nur aus sk: дъшчѣи brettern.

4*

So wie щ durch шт, so ist дж für џ zu schreiben. џ findet sich im bulg.-lab., jedoch nur in entlehnten Worten: гемеџїю. маџаре. синџирѫть, сиџиль und џелатинь.

Anhang über sincъ.

Ein räthselhaftes Wort ist bulg. síncъ alle (wir alle, ihr alle), in zbor. sinьca (синьџа), mit den adjectiven síčki und sínki aller, ganz. sínca anlangend vermuthe ich folgendes: es ist die Verbindung des aslov. plur. dat. vьsêmъ mit dem Suffix ca, das in dêtьca liberi sich findet. Um die Verwendung des plur. dat. vьsêmъ als Thema der Stammbildung zu begreifen, wolle man die Verbindungen sas námu nobiscum ev. 19. ud nam a nobis 67. sas vam 69. Vinga berücksichtigen; ferner folgende Sätze: na βienβ kolanda βif veβelie da bandeme in his calendis (Christi natalitiis) omnes laeti simus sienbenb. XVIII: βienβ ist vьsêmъ zi. jedete βinβi edite omnes v. βaβ βienβika βveat cum toto mundo XXXI: βienβika ist vьsêmъ zi ka. In diesen Sätzen spielt der plur. dat. vьsêmъ die Rolle eines indeclinabile. Man füge hinzu faf tinβika nost in hac nocte v: tinβika ist têmъ zi ka. In derselben Function finden wir βif, d. i. vьsêhъ, wie wir oben gesehen haben. Dergleichen Fälle sind in dem angeführten Denkmal zahlreich: sie zeigen die Möglichkeit der Verwendung von vьsêmъ als Thema der Stammbildung. Was sínki betrifft, so betrachten wir es als aus vьsêmъ ki entstanden, wie síčki auf vьsêmъ ьca ьskъ, d. i. sinca ьskъ, beruht. Wie unhistorisch das bulg. zu verfahren liebt, zeigt sâtmožin allmächtig Vinga: vьsьъ тъ možьnъ.

Zweiter Theil. Proben der Lautbezeichnung in zusammenhangender Rede.

Die hier mitgetheilten Proben zerfallen in dakoslovenische und eigentlich bulgarische.

A. **Dakoslovenisch.** Die hier zum ersten Male gedruckte dakoslovenische Probe ist aufgenommen worden, weil das Dakoslovenische geographisch und sprachlich zwischen Pannonisch-Slovenisch und Bulgarisch mitten inne steht. Mehr Proben dieser Sprache bietet meine Abhandlung: ,Die Sprache der Bulgaren in Siebenbürgen.'

B. **Bulgarisch.** Die Proben des Bulgarischen zerfallen in drei Kategorien: I. Die Proben der ungrisch-bulgarischen Sprache, speciell der Mundart von Vinga. II. Proben des Südbulgarischen. III. Proben des Nordbulgarischen.

I. Ungrisch-Bulgarisch: a) Aus dem Katechismus von I. Berecz. b) Lucas 24. 13—35. aus einer Handschrift. c) Dasselbe aus einem Druckwerk. d) Ein nach der Anleitung eines Vingaers phonetisch aufgezeichnetes Märchen.

II. Südbulgarisch. Die Denkmäler des Südbulgarischen sind griechisch, lateinisch oder kyrillisch geschrieben. Aufgenommen ist a) eine griechisch geschriebene Probe aus Daniel's Διδασκαλία. b) c) Zwei lateinische Proben aus den von der Propaganda gedruckten Büchern. d) Eine kyrillische Probe aus Mil. e) Aus Dozon.

III. Nordbulgarisch. a) b) c) d) Aus älteren Denkmälern. e) Aus Vuk's Dodatak. f) Luc. 24. 13—35. nach der auf meine Bitte von einem gebornen Bulgaren gefertigten Übersetzung in phonetischer Schreibung. g) Dasselbe aus dem 1828 in Bukarest gedruckten Evangelium: als Übersetzer nennt sich Petar Sapunov Triavnenin. h) Dasselbe aus dem 1866 in Constantinopel erschienenen Evangelium. i) Ein phonetisch abgedrucktes Volkslied aus Periodičesko spisanie VII. VIII.

Meine Theilung des Bulgarischen in den süd- und nordbulgarischen Dialekt wolle man als eine vorläufige ansehen, die vielleicht durch eine richtigere ersetzt werden wird, wenn die Besonderheiten der bulgarischen Rede in den einzelnen Theilen des Sprachgebietes vollständiger erkannt sein werden. Indessen hat ein einheimischer Schriftsteller bereits eine von der hier aufgestellten verschiedene Ansicht ausgesprochen. Darnach zerfällt das Bulgarische in zwei Hauptmundarten: 1. die in Bulgarien und Thracien und 2. die in Macedonien herrschende, also etwa in den östlichen und westlichen Dialekt: der letztere wird durch die im Südwesten Macedoniens gesprochene Schattierung repräsentiert. Die Aufstellung des ungrischen Dialektes wird dadurch nicht berührt. Die Besonderheiten des macedonischen Dialektes sind nach diesem Gewährsmann in der von ihm eingehaltenen Ordnung: *a)* Der Ton trifft den Anfang des Wortes: dadurch nähert sich diese Mundart dem Serbischen. *b)* Für *št* und *žd* steht entweder erweichtes oder unerweichtes *t* und *d:* jenes tritt auch im Serbischen ein. *c)* *a* hat stets den vollen, nie den sogenannten unbestimmten Laut (*ę, ъ*). *d)* *e* und *o* werden nicht durch *i* und *u* ersetzt. *e)* ъ und ь haben denselben Laut wie in der östlichen Mundart; nur in einem Unterdialekt steht dafür *o* in Wörtern mit silbebildendem *r* wie *kort* und *korst* für *kъrt* und *kъrst*, wie der Berichterstatter schreibt. *f)* ѣ ist immer reines (čisto) *e*, nie *ja, ea*, ist daher entbehrlich. *g)* *h* muss verstummen: *odea, odee* für *odeha, odehe;* oder dem *j* oder *v* weichen: *praf, balva* für *prah, balha. h)* Neben dem Artikel aus *tъ* findet sich ein solcher von *onъ* und *ovъ: zeleni ne livadъe, studeni ne kladenci* 41. *i)* Die Declination hat sich bei den Nomina propria besser erhalten (poucelele) als im anderen Dialekt. *k)* Die Neutra auf *re, le* und die deminutiven Neutra haben im plur. *inja* (иня): *more, morinja; pole, polinja; momče, momčinja; kniže, knižinja. l)* Das präs. bewahrt in der III. sing. das *t. m)* Das *t* der III. plur. präs. erfährt eine nach den Verbalclassen und nach Gegenden verschiedene Behandlung. *n)* Der macedonische Dialekt besitzt das Particip (worunter wohl das Partic. präs. act. zu verstehen ist: *prinimaješti*, aslov. *priimająšte). o)* ѫ lautet wie reines *a*, an einigen Orten wie *o: maž, mož*, aslov. *mąžъ*. Im Inlaut, im wurzelhaften Bestandtheil des Wortes hat ѫ in einem Unterdialekt den Laut *ę, ъ*. Über ѧ wird nichts bemerkt: der Verfasser schreibt: *prevez, dogledat* neben *jozik*. aslov. *vęz, ględ, językъ*. Bъlgarski knižici. I. 1858. Seite 36.

A. Dakoslovenisch.

‚Cantilenae Bulgaricae, quas ad me adtulit dominus Nicolaus Mathias. parochus evangelicus in Kiss Cserged. Den 14. Septem. 1803.‘ Diese Notiz ward geschrieben von Joseph Karl Eder, geboren zu Kronstadt 1760, gestorben zu Hermannstadt 1810, einem um die Geschichte Siebenbürgens hochverdienten Gelehrten, der über diese Cantilenae folgendes bemerkt: ‚Rutheni in Reussdörfl, Bongard et Csergöd majore ac minore sensim in Valachos abeunt ita, ut post aliquot annos vix ullum apud eos linguae pristinae superfuturum esse vestigium videatur. Hoc magis operam dedi, ut haec specimina, precationes et cantilenas complexa, atque per sacrorum ministrum in Csergöd adcurate descripta obtinerem, aliquando ethnologo cuidam, qui, ut Leibnitius praecepit. e linguae vestigiis gentis origines vestigabit, usui futura. Conf. Observatio.ıes ad historiam Transsylvaniae 68.‘ А. Kočubinskij, Отчетъ. Odessa. 1876. 48. Das hier Mitgetheilte wurde vor 1803 geschrieben, während die im VII. Bande der Denkschriften. 1856, unter dem Titel: ‚Die Sprache der Bulgaren in Siebenbürgen‘ behandelten Stücke aus dem Jahre 1830 stammen. Dass beide Sprachdenkmäler zusammengehören, ergibt die oberflächlichste Betrachtung: eine genauere Erwägung zeigt das Ungenügende der Benennung ‚bulgarisch‘ und die Zweckmässigkeit des Namens ‚dakoslovenisch‘, worüber ich in Vergl. Grammatik III. 201. und Altslovenische Formenlehre in Paradigmen XXV. gehandelt habe. Manche Stellen des Textes sind dunkel.

In der Bibliothek des k. ungrischen Museums hat die Handschrift folgenden Titel: Ex Museo Hungarico. I. Quart. Russ. Ruth. Mss. N. 81. Abbé Eder.

Cantilenae et Preces, sive Specimina Linguae Ruthenicae et Valachicae apud Incolas quorumdam Pagorum Transilvaniae ad hunc usque diem usitatae.

Das Gebet des Herrn.

I. Nas basta, to βi faf nebe to, βi poβventi toi βventu jume, da dode toi hore, de bonde toi volye toi faf nebe biteni βemi, nas liab ketedesni dei go, bose, neβke nam, proβti ni, bose, nas tin greβe, toi prastini nas tin gresseny, dei ni βova iβpetényi, βlobode nyi ot βakvo βlo, tse toi hore i szile i potyere otto nine torno viak viakuito. A[men]. Vergl. Die Sprache der Bulgaren usw. III. VIII.

Aller Augen, warten auf Dich, Herr.

II. Szen tem ocsi na tebe glendant, bose, i ti davaβ tiam jeβtie i pitie faf togovo vreme, ti βi otvaris tvui te βventi rantze, i napalnis βe tte βaβ tvoi βvent aldamás, alduvai nam, bosse, i βientz pocsentzt, kotra jeβme mnie βalle, ott tvoi βvent aldamas, poβlet Jesusa Christusa, nassa goβpodiná. Amen.

Danket Gott dem Herrn.

III. Szenenku kuii βa jelle karβtiene, pak da βtuient atto parvo, i da kaient. Szpolovajte goβpodinu bogu, cse to ie milloβárd, i togova milla jeβt dor na viak viák[u]ito, fto dava βa tta mu, fto fivi, hrana i hami, fto dava dovitzen tem karma i mládien tem garvanie, kotrie mu βa molient. Bogu nemu trebuva konen tem βilla, ni mu liptzuva csliak[u] tumu putyiere, na mu ie drág tonβi, fto βa buu[i] ott boga, i jema nádeβen faf nego. Vergl. Die Sprache der Bulgaren usw. XXIX.

Der Glaube.

IV. Varvam faf jedna boga, preβegesna basta, fto ie βtoril nebe to i zema ta; i veárvam faf Jesusa Christusa, f togova βventa βina, nasse goβpodina, fto βa ie pregiel ott βventiago duha, rodil βa ie ott csiβta devitza Maria, tkinuvaha go pot Pontzius Pilatussa, go raβtegnua, umre, i ja βagreboha, βleβe na prapodenie, i na tretti den ott βmart gore βtana, ottide f nebe, βede u goβpodinu bogu na deβna βtrana, ot tam fte bi dodenie, da βandi fivi i umarli; i vearvam faf βventiago duha, βventa cserkva, carβtianka cser., βvenβum βaijedno, nas tem greβim prostenie, trupni gore βtanantie i viakuito sivenie. Amen. Vergl. Die Sprache der Bulgaren usw. II. VII.

Der Morgen Seegen.

V. Hár ti davame i tti βpolavame tebe, nebentzki basta bosse, de ni βi paβil βinβi nost ott βakvo dufsovni i trupovni nevolia, molime ta tébe, oh milloβardi bosse, parstai

nam nas te greβi, i nni paβi i βinβi dinn ott βe tte greβi i ott βakvo βlo, i nni iβpra-
vivai faf szakvo dobro, da ta moieme βlussi atto vernie βlugi, ese mie ta davame i tti
commendaluvame tebe dussa i truppa i βa tta, fto ni βi deal ott tvui ti βvent aldamás,
faf tvui te βventi rantze; tvui te βventi angele da bandant okol naβ i szrede naβ, da
ne moie gaulot obre hatalma i putiere na naβ. Amen.

Unser Herr Jesus Christus in der Nacht.

VI. Faf tinszika nost, kogi go za jele Jesusa, je βa liábot, dade har goβpodinu
bogu, go raβlomi, i pak retse: zamete, jedete, βinβikι ieβt moi t troup, kotri βaránt
vasz βa dava: βika βtorette, da bande na mui tuii βmarti pomen. Szedne je βal i
pahárot, dade har goβpodinu bogu, je pak retse: zamete i pite βif isz nego, βienβi
pahar jeβt nof teβtament faf moi ta karf, kotra βarand vaβ βa iβliva, vare col esist
stete pi iβ βienβi pahar, ste bi na vas tem greβim prostenie: βika βtorete, da bande na
mui tuii βmarti pomen. A[men]. Vergl. Die Sprache der Bulgaren usw. v.

Die Beicht Formul.

VII. Aβe u boga prinevolien grehovit esliak βa klanem tebe i ta glendam tebe.
nebenzki basta bosse, fto manne ma βi deal i nassu goβpodinu Jesusu Chriftusu, fto
manne ma ie βlobodil ott βe tte mui te goliemi greβi, i βventumu duhu, fto manne ma ie
iβpravil faf βventa ta evangelia, zarant βe tte mui te goliemi greβi, kotrie βtoril varhu
goβpodina boga i togovi poronesenie, ili βaβ βeβada libu βaβ gandt, ka ie βnaie goβpodin bog u manne grehovittietago esliaka, zarantui aβe mu βa klanem atto togof grehovit
na togova milla, kazanstem, miluva ma manne βlatte Jesus Chriftus, fto βa βi rodil
esliak zarant manne, otti da dobandem zarant tebe mui tem greβim prostenie, i da
obrenstem milla pri tvoia nebenztiitago basta boga zarant tvoie βvento i alduvano jumme,
otti da traiem βegÿ poβlet tvoie volia i βvento porontsenie: zarant tui ta molem tebe.
bosa βluga, kotri βi oβtaven na bosse meazto, da ma proveβelis βaβ bosa beβeada, i da
mi proβtis mui te greβi, ese manne mi e fel, i banuvam zarant teaf, i are fagaduvam,
otti βa sta paβi βaβ bossa ta pomast ott pomlogo greβi, i fta tra poβlet bosso to poronesenie. Amen.

Auf meinen lieben Gott.

VIII. 1. Za nadeen faf boga faf βtrach i nevolia, toi βegi mi pomaga i βa tta felli
ott βtraha, toi moi da prineni [primeni] moi βtrach faf veβelie.

2. Kui greβi ma βtrasent, ott βe ne ma βepnant, ese Christusa go glendam, tolia
aβ βa biβuvam, ese toi ni e nadeβen faf βmart i faf fivenie.

3. Kui ma βtiga βmarta, βmarta mi e dobanda, Chriftusa mi e fivenie, f nego mi
e nadeβen: ese kui asta umira, troup i dufsa toi βbira.

4. O! βlatti Jefus Chrift, toi βi millen βegiβt, faf βmart βa βi raβtignal, prostenie
ni βi dobil i vernien tem karβtienem nebenzko to fivenie.

5. Amen kossete βif βaβ βartze je inβik, ese Chriftus (leerer Raum) paβi βaβ βange
βtravi, otti togovo jumme faf viak da go falime. Vergl. Die Sprache der Bulgaren usw. xiv.

Ach bleib bey uns, Herr Jesu Christ.

IX. 1. Bandi pri naβ, oh! Jesu Christ, vaβ de nosta nafs nie prekriva, tvuii beβedi
videlo pri naβ da ne ugaβnuva.

2. Faf βientz tenski krivi dani dai pravi veri βaβilenie, tvoia beβeada i βacrament csiβto βegi da ni βa vadent.

3. Falla ti bande, oh! βventi basta, naporent β tvoie draga ·βina i βventicago duha ott nine faf viakuito. Vergl. Die Sprache der Bulgaren usw. XV.

Wend ab deinen Zorn.

X. 1. Olecsi tvoie, bose, szventa szarba, je sz tvoie oβter preand naβ ni de ni barβka, szlet tvoie prav zakvo nasz ni de ni βandi, β mila ni bandi.

2. Cse aste glendas nasse tenski greβi, ott tvoia βarba nift ne moie da fivi, βe, fto βi βtoril, mu ie da βagine, attui faf βodome.

3. Szantui, oh βardit bose, ti ni prastai, i tvoie mila pri naβ golemivai, ka βi poβocsil faf βtargie te dane, faf grad Ninive.

4. Makar βme numai framnie prach i zema β karvavi greβi atto parvesnio t βveat, βuferi, i ni de ni sagubi faf βarba, vaβ tvoia milla.

5. Svuiumu βventu βinu karβt i βmarta, i fagaduvai, cse ni e iβkupil βaβ karf ta, prepodnale mu βa rantze i βartze, da ne ni zabande.

6. Zantui, oh bose, ni de ni zafarga, zarant Chriftusa da ni tvoia milla, βtori ni niam deal f nebenzko fivenie, da ti βpolavame. Vergl. Die Sprache der Bulgaren usw. XIII.

Das te deum laudamus.

XI. Bose, ta falime, bose, ti βpolavame, tebe, basta, veakuit boga, pocsita firoka zema, angele nebenzki syrag, sze, fto ie pad nebe na βvead, sze tte cherubim i zeraphin szegi β peβme ta glaβivant: szent je goβpodin bog, szvent je goβpodin bog, szvent je goβpodin bog, golyam bog zebahot. Tvoie potiere i βlava praftiga nebe i zema. Dva na deβent apostole i dragi prophetase βif, martire tte βif βa jedno ta falent βaβ marlini βvon; je βe tte vernye karβtyone βegi na βema ta golement tebe, basta f nebenzki ftol, tvoie vakuita prava βina naparent βventiago duha csiβta βlusba ta potsitant. O! βventi czar Jesus Christus, neben[z]ku bastu βin viakuit, csiβta davitza βi glendal, graβna liβto iβkupuval, zmarta ta ti βi biruval, sze tte vernye f nebe βi βbral. Szedi na bogu pravitza spocsenzko nebenzku basta hora. Ti es zandi βa tta liβto, sto ie sivo je umarlo. Pomai ni tnuiem [tvuiem] βlugyime, sta na βkamna iβkuβenyie, sztoril ni nam faf nebe faf βlatko βventa tvoienye, Chriftus tnuiem [tvuiem] ti pomagai, vernio t firag go alduvai, grifi i paβi faf βe vreme je veak pri tebe i βberi. Katta dem, bose, ta falime, tvoie jume βegi golemime, paβi ni naβ, miloβardt basta, od greβi je βakva krivina, bandi ni β milla, o bose, z milla ni bandi faf βe vreme. Poβvesil ni tvoie pomast, cse f tebe glendame βegiβt, tebe za nadem, goβpodin bog, ni de ni oβtavi ott bitenyie. Vergl. Die Sprache der Bulgaren usw. XX.

B. Bulgarisch.

I. Ungrisch-Bulgarisch.

a) Pit. Za shto se zve bog nebeszki guspudin? Odg. Za shto bog ij nebe to i zeme te stvoril, darxi i vlada. Pit. Kako razumevash, da bog ij nebo to i zeme te stvoril? Odg. Da bog ij nebe to i zeme te stvoril, razumevam, da bog nebe to i zeme te ud nishtu 'j napravil. Pit. Mox· li bog neshtu ud nishtu da napravi? Odg. Bog moxi sa ttu kako shte da napravi, zashto 'j svemoguchin. Pit. Kako se razumeva, da bog nebo to i zeme te darxi i vlada? Odg. 1. Da bog nebe to i zeme te darxi, razumeva se, da sa ttu taj ostane, dar kad toj shte. 2. Da bog vlada nebo to i zeme te razumeva se, da bog se za sa ttu brini i sa ttu naredi, kache toj shte. Pit. Brini l'i se bog i za nas? Odg. Bog se i za nas brini, dava toj nam xuvot, zdravi, rana, piche, dréj i sa ttu, da ttu neja himami. Pit. Zashto nam dava bog sa ttu, da ttu neja himemi? Odg. Bog dava sa ttu, da ttu neja himami, zashto toj nash najdubar bashta. Pit. Kolku 'j bog takazi dubar bashta, kako neja da pravimi? Odg. Neja da badimi negvi te krotki te dica, i da gu sas se sarce miluvami.

Aus Manachija kathekismus za katholicsanske Paulichane pisal j Imre Berecz, misnik. Temisvar. (1851). 3.

b) Luc. 24. 13. U unuj vreme dvama ut škulare te na Isusa sa utišli u onzi denj u grada, koj bil daleku šejset i šes pošti u Jeruzalem, s ime Emaus. 14. i tija sa hurtuvali megju tej za unuj sa tu, de-tu se j dugudilu. 15. i se j storilu, katu sa prekazvali idin na drugji, se ispitvali, Isus se j dubližil, i utvaždel sas tej. 16. a tejni te oči sa bili zadaržani, da ni gu puznajat negu. 17. i nji j kazal tej: kakvi sa tezi hurti, de-tu prekazvati idin na drugji pu pate, i zašto sa ti tij žalusni? 18. i udguvoril idin, komu ime Cleofa, mu j kazal nemu: i ti samičeć si lúcak patnić u Jeruzalem, i ni si razbral, kako se j storilu i dugudilu u negu tezi dene? 19. a toj nji kazal: kako? i sa kazali za Isusa Nazaranina, koj i bil čelcé i prorok, puterin u hurti te i rabota ta napreć boga i napreć naruda; 20. pak kaće sa gu predali negu naš te gulemi te pupovi i kralje u krivica pedepsa na smrać, sa gu razpreli, predali, rastagnali negu na krasta. 21. a neja smi se uvervali, či toj da utkupi Izraela, sigi već treći denj dnes, at kaće se tezi dugudili. 22. ama nikakvazi žini ut naš te sa mu uplašili nam, kuje-tu, napreć da se rudi slanci tu, sa bili vas groba, 23. i katu ni sa namerili negva sa snaga, sa dušli i sa kazali, či toj žuvej, 24. i sa utišli idnea ut naš te vas groba, i taj sa namerili, kaće-tu sa kazali žini te. 25. a ta j kazal tenj: oh budali i kasni sarca za verovanji sa tu, de-tu hurtuvali proroci te i farizeje te! 26. ne li toj tuj trebal da pati Isukras i taj da flezi u negvu tu slavu? 27. i zapošnal ut Mojzia i sa te proroci protete, nji j tolmačil tenj sa tu svetu pismu, de-tu sa bili za negu. 28. i se dubližili du grada, de-tu sa utvaždeli, a toj se j napravil, či po deleku da idi. 29. i sa gu nasilili negu, i sa mu kazali: stani sas nam, či j mraknalu, veći dene menal. i flezal sas tej. 30. i se j dugudilu, katu j sadnal sas tej, zal leba, gu j blagusvil, gu j načupil i nji j pudal tenj. 31. tugizi se utorili tejni te uči. 32. i sa kazali idin na drugji: ne li maš tu sarci greše u nam, katu j hurtuval pu pate, i utvarel, tolmačil nam sa tu pismu? 33. i sa stanali u onzi sabat, i sa se varnali u Jeruzalem, i sa namerili preprani idinajstima i unezi, de-tu sa bili sas tej. 34. i sa nji kazali, či ustanal, užuvel na istena Isus, sa j javil na Simuna. 35. i tia sa prekazvali, kako sej dugudilu tenj pu pate. i kaće sa gu puznali negu, katu j čupil leba.

Aus einer jungen Handschrift aus Vinga (Evangjeli te za sa ta gudina Palučensci, die mir von einem Freunde aus dem genannten Orte mitgetheilt wurde.

c) Luc. 24. 13. U unuj vréme dváma nd Isusvi te učenici utideha u tozi isti denj u predváruša Emaus, de-tu šesdeset zastáništa (stácii) běh ud Jeruzalema deleku. Tija sa hurtuvali medju těj prez sâ tu unuj, kako se běh dugudilu. I se ij dugudilu, da kâto tija sa hurtuvali i idin drugji pitâli, nji se ij približil Isus samičeć, i utideh sa stěj. Ama tějni te uči běha zadâržáni, da ni gu puznávat. I nji kâzal: kâkaj rázguvor ij tozi, de-tu dáržiti medju vás hodeći, i taj stí žálni? Idin ud tôj, komu-to imc tu bêh Kleofa, mu ij udguvoril i kázal: dâ li si ti sâmičećnia strâinin u Jeruzalem, koj ni znáji, kako se ij dugudilu tuka u têzi denô? I toj nji kázal: kako? A tija mu. udguváriha: Ud Isusa Nazarenina, koj bêh prurok, čelêć možin u storenji tu i hurti te naprêć boga i sâ t nárud. I kaće sa gu gulêmi te misnici i náš te puglaváre predáli, da bâdi udsâdin na smrâć, i kaće gu propnaha. Neja pá se nadêvahami, da toj za udkupi Izraela. I tâj sled sâ tu tuj ij dnes trećia dênj na sâ tu, kako se dugudilu. Još i nêkuje ud náš te žini sa mu uplášili, kujc naprêć ráždenji na slânci tu vaz groba bêha, negvu tu telu ni sa namêrili, i dudeha vaz nám, i kázaha: či sa vidêli pukazánji tu na ángjela, koj nji ubádil, da toj žuvêji. I nêkuje ud nám sa utišli vaz groba, i sa namêrili sâ tu tuj, kaće bêh ubádili žini ti, ama negu ni sa gu namêrili. A toj nji kázal: O vija slábupámetni u tvârdusârcni, da vêrvâti sa tu unuj, kako pruroci te sa vu navistili. Ni je li bilo ud potreba, da Isukrast tuj pudnise, i taj da flêzi u negva ta sláva? I j počnal ud Mojzia i sâ te pruroci, da nji iztulmáči sâ tu, kako bêh pisânu u pismo tu ud negu. Taj dudeh blizu du predváruša, kâde sâ se napâtili, i toj se právil, kâće gá bi utišal po deléku. A tija gu nasiliha, da stáni sas tôj, i kázali: sedi vaz nám, či za bâdi večer, i denô se ij skâsil. I toj flêzal sas tôj. I kâtu sedêl sas tôj okulu târpeza ta, zâl lêba, gu ij blâgusvil, râzčupil i sêkumu pudál. Tugázi čeć sa nji se utorili uči te, i tija gu puznádiha; âmâ toj na idnaš nji se ij izgubil iz uči te nji. I tija hurtuvaha medju tôj: Ni je li bilo náš tu sârci gurivo, kâtu toj sas nám ij hurtuval pu pâte i ij iztulmačêval pismo tu? Homa u ondzi sâhát sa se puvârnali nâdzáć u Jeruzalema, i namêriha unêzi idináis prebráni i još drugje, kuje sas tôj bêha, kuje nji kázaha: guspudina ij za istu uzkrâsnal i se ukázal na Šimuna. A tija sa nji prepuvêdali, kako tôj nji se bêh dugudilu pu pâte i kâće sa gu puználi, kâtu lêba ij râzčupil.

Aus ‚Evangjelji te za sâ te nedêli i práznici prez gudina ta, de-tu za čârkovnu háznuvanji i kâštna pubožnus u bâlgarsćia jâzić sa ubârnali P. Robert Kauk misnić i Leopold Kossilkov naučnić. U Timišvár. 1876'. Seite 66. Der Dialekt ist der von Vinga.

d) Aus einer Handschrift. Iná príkъskъ.

Bil j idín králj bugát, pá j sedêl nъ kráj zemê te, kъšti te sъ mu bilí sъ te nъ udъ tъ. U iná tъ ut tôj mu j stujáľъ dešterê mu, mumъ húbъnkъ nъ svetъ. Drúgi pъpá králj si usъdlë kóne, pá trъgnъ, dъ si húbъnkъ tъ tъzi mumъ isprósi zъ búlkъ. ъmъ glâdъj bré, či né mu bo dádnu, dъ dój du tám, i tъj se j ut pulvínъ pъć vârnъl, i u tèj se j užénъl zъ drúgъ, i bog gu j hъrízъl sъs trímъ sínve. Mlógje pъte j hurtúvъl tózi nъ sínve te mu, či j iná húbъnkъ mumъ nъ kráj svetъ, i nejъ ne jъ dubável du sigá još níkuj. I udguvóri mu náj stъríjъ sin: .Tátu ás zъ jъ dubávem, ъku me sámu ustáviš, dъ jъ prósъ. Bъštá mu gu púsnъ. Mómъkъ húbъvéc irgjen rádustъn hómъ póčnъ bŕže dъ se prepráve nъ pъć, i već j udbrál náj húbъvijъ konj ud hargjelê te, négu gu j usedlъl, pá s lêbъ u turbъ tъ j trъgnъl. Vъrval ij vъrvál, i dudê vъs idín húbъve sъs kámъk uredên ʃzur, túkъ j stánъl, pá kъt i púsnъl kóne dъ málku pupъsê, zъl si j turbiši tu, tъ j légnъl i toj. Rêdum nä ókulu bêhъ se sъs zeléni gurí ubrъsténi brdá. Sъ tu j mírnu. Nêmъ dъ čujš nêštu ud žúvъ dušъ. Kъtu j tъj pъtnikъ nъ zelénъ tъ trevъ míslil, nájnêš mu se čuj, kъdë nъzáć négu šuští, toj se ubârnъ, pá vidë idín stárec plêšav sъs bêlъ brъdъ, kógu sъ mlógje te gudíni već sъs sém pregŕbili. Dubъr dênj, sínku, póčnъ stъrícъ. Dъ si zdráv, dêdu, mu udguvóri pъtnikъ. Kъdë te, sínku, pъte nósi? Dъ si isprósъ mumъ tъ nъ óndzi i óndzi králj. ъ bré, sínku, dáj mi málku lëp.

Udguvóri mu pìtnikъ: Uprustí, dědu, ei nъ deléé pìé utvàždem, ni mójъ dъ ti dám. Stъrici. se nъ tězi hurtí ubìrnъ, pruklö pìtnikъ, pá se upìti kъdě gurì tъ. Pìtnikъ si uluvá kóne, gu vъsìdnъ, ъmí kìt vъrvájъ idin páš dvá, pìtnikъ sъs kóne si j pustánъl kámъk.

II. Südbulgarisch.

a) Γόσποτ στόρη νέπο τω, ζέμια τα, σάντζε τω, μεσετζήνα τα, σρέστη τε, ή σετνε πόελλια μόρε τω, εξέρα τα, ρέκι τε, ή ιζβάτωα ρήπη τε, ιαγκούλη τε, πάκ ρέτζε. ή ιζλέκουα γκόρε νά ζέμια τα σφή τε ντέρβια, ή γιέτ ζέμια τα πώλνα οτ τάρβα, οτ μπούκα, οτ ράμπα τα. οτ τοπόλικα (ιάσικα), οτ σέλβεια, οτ πώρ, ή τρούζη σε νάϊτουατ βώ όρμανο τ. τρούτζη σε να πλανήννε τα, νά πώλε το ή νά τρούτζη μέστα, πάκ ιζνήκνεια σφέτεια τα, τρέβα τα, ζέλιε τα. κόπρηβ(η), ή σφή τε σε στόρια ζά τζόεκο τ. πω όβηε σε στόρια ημάννε τω, τήβη τε. ή οτ όβηε έτνη σε ιάτατ, ή έτνη ράπωτατ ζά νάσσε τ ιχτιζα. άρολανο τ, βόλκο τ. μέτζκα τα. λάμνια τα, λησήτζα τα κώκα ιζλέζατ οτ σεντέλω τω, ήμαατ λούτοννε νά τζόεκο τ. ή μπάρατ βρέμε, ζά τά κώ ρασήπαατ. τόκω γόσποτ κώ τζιούβαι.

Aus Είσαγωγική διδασκαλία von Daniel aus Μοσχόπολις. 1802. 1.

b) Molitva na bogu otza. Svemoxni veeni boxe, nai milostiv basetà, ti me si storil od niscto, i me si storil na toja ta prelika; spored toja ta bizkraina milos, de to imase za nas hora, si prohodil Issukrasta, toi pridragi sin, na tozi svet, da me odkupi od vecna smart; ti mi si dal sveta vera, biz kojà nikoi ni moi da si ispazi dusca ta. Kakò da ti povarna zaràd tezi i tolkos drugi darbi, de to sam prejal od toi te raze? zafalovam ti, boxe moi, kolko moxa, sas sicko to mojè sarze zarad sicko to dobrò, de to mi si storil od parvia t ces od moi xivot du sigà, i katò moje to zafalovane ni e vredno i dostoino, pridavam ti sicko to zafalovane, de to ti davat anghele te u rai nebeski i sicki te hora na tozi svet, pridavam ti moja ta volia od sigà na tatak, da sam sas svem toi, i da iseta sicko to, de to ti isetise, i da ni setà niscto, de to ni setèse: ti isetise, boxe moi, da si ispazim dusca ta, ti isetise, da stanim dobrì i sveti kristiane, ti isetise. da se ni zagubim nia, de to verovami u toja t sin, emi da imami vecin xivòt. Dai mu toja t prisveti pomose, da varvim iz pateka ta od toi te zapovedi, i ilà. da badise sas nam, i da mu teglise kantù tebe. Gotov sam, gospodine, da preimem sas drago sarze od toi te raze sicki te pokori, de to isetise, da mi dadèse, toja ta volia da badi. Pedepsovai moje to telo, dai mi onazi kras, de to ti setese, ne de to as iseta; na sicki te raboti da badi u mene toja ta prisveta volia. Ama sas nai goreseto sarze ti se mola, dai mi pomose, da ti zaman verno sluguvam, da se ni oddelà od tebe nikoga sas grescene, tei da bada dostoin, da te vida i da te fala do veka u rai nebeski. amen.

Aus 'Knigice od molitvi'. Rim. 1866. 62.

c) Molitva. Petak. Issukräste, gospodine millostiv moj spasìtel, etto me dnes prekàzuam se xiálnovìt i pokájen pred tvoja t sveti kräst, smisclèvam esci, u tozi den nakarala te je tvoja ta beskràina dobrinà i millos, da umrèse ùkovàn sás piróne na kräs zaràd mojè te grèhove. Oh! bòxe moj, smisclèvam se od tvojà kròtkinà, i za tovà fala ti davam; smisclèvam tvojè te bolèvi ciàdni, i ukàjovam se sás svè sàrze; smisclèvam mojè te mloghi grèhove, de to te se vrèdili i ùmorili; kàjem se i plàcia i poznàvam. ei tàzi smärt ne stoi se na tòbe, sàma ta dobrinà i pràvdinà, mène se stoi, ei sàm kriv i gréhovit. Za tovà mòla ti se, da mi dadèse smärt, amà smärt od bolèva. od xiàlba i od pokàjene od tolkova mojè grehove. Millostiv Issukräste, zaràd sicki te ràni. bolèvi i

izie te od tvojò to prisvèto tèlo i zaràd tvojà ta gôrka smärt i mäka oprosti me, i dai
mi pòmose, da ni vèki te navrèda, dai mi dòl od tvojà mäka i bolèva, dè to sì türpèl
za spassènie od mojà ta duscià, neka i as za millos tvojà da nòssa sás dobrò särze kräs
od pokòra i od tarpène, i dòr bäda xiv, da ne zacitem dragos telèsna nìkakva, emì
tvoja t kräs. Oscti, bòxe moj, mòla ti se, dai mi dnèska millos, da ùsesctem, da ciùja
na särze bolèva ta od smärta tvòja i mäka, kák je ciùlla i usètila dnèska pred tvòja t
kräs Maria, tvojà maikia, Mágdalèna i drùghi te svetzì. Dnes sickia t svèt i slànze
poznà te i uplàka te, dai, bòxe, da ne sàm pò studèn od zemè ta i pò tvärd od kàmani,
pò umrèl od märtàvi, dè to se ùxivèli na tvojà ta smärt, emi dai, da te poznàvam,
kakò biva, i ti si dobise, ta as da te milluam sás svè särze nàd sicko, i od millos da
plàcia tvojè te bolèvi. Dnèska rasprèn na pokajània t otkràdnik ùkuvàn prè tèbe ti
rècal si: ‚Sctese da badise sás mene dneska u rai.‘ Draghi moj spassìtel, pòghlednì i
mène od tvoja t kräs, ti dai mi, ta as sè pokàjen da xivéjà i pokàjen da umrà; nai
sètne, bòxe moj, smisli se od mène millostiv, i poghlednì me od tvoj raj, i zaràd pri-
svèta tvòja i beszèna kräv na tòja dèn pròlèna za mojà ta duscià dai i na mène, ta
prècistèn da izdahna u tvojè prisvèti ràzzè, ta sás drùghi pokòrnizi da sàm sás tèbe u
raj nebèski amen.

Aus Nauka kristianska za kristiane te od filiboliska ta darxiava. Rim. 1869. 119.

d) Мари Радо, бяла Радо! | Царъ царува въ Цариграда, | бяла Рада въ Буденъ града. |
Биха Турди, биха Гърди, | биха млади Ѣничаре, | не можаха да разбіятъ | нови града
Буденова, | дур' не доде Татаръ паша, | Татаръ паша сосъ татари. | Двашъ обиде, тришъ
удари, | твари ми са разлюляха, | ключелки са потрошиха, | и порти са отвориха, | тѣ е
влязалъ Татаръ паша. | Тамъ е нашалъ бяла Рада, | дека яде диро ѣгне, | и піе си руйно
вино | съ Петра бана, мила брата, | и Ивана побратима. | Петра бана погубиха, | а Ивана
посякоха, | бяла Рада поробиха. | Вързаха й бяло лице, | бяло лице съ бяла вжла, | черни
очи съ черна вжла, | туриха ж во кочіл, | главиха й-коджиджія, | да кара Ради кочія. |
Вжрваха мало и много, | отидоха край море то. | Моренки хоро играятъ. | Рада на тур-
чинъ говори: | ‚Турчине, коджиджіе ле! | Отвържи ми бяло лице, | бяло лице съ бяла
вжла, | черни очи съ черна вжла, | да погледамъ горе долу, | горе долу по хоро то, | по
хоро то, по моми те, | дано вида отъ моя та, | отъ моя та мила рода.‘ | Коджиджія от-
говаря: | ‚Ти щешъ, Радо, да си видишъ | твой та, Радо, клета рода, | кога роди вжрба
грозде | а ракита жжлти дюли.‘ | А Рада му отговаря: | ‚Коджиджія, братъ да ми си, і я
подай ми влашко ноже, | да разрежа тая ябжлка, | уста та да си раскваса.‘ | Кождиджія
й подаде, | й подаде влашко ноже, | прободе са бяла Рада, | прободе са въ клето сжрце.

Aus Бжлгарски народни пѣсни собрани отъ братья Миладиновди. Въ Загребъ. 1861.
161. Das Lied stammt aus Панагюрище.

e) Фъ ждна гораималу ждни многу убани сарал утъ голу злату изградйни, и въ
тѣхъ сждяла ду три сжстри ламии многу гулими, котри още отъ малички са крили тамъ,
защо имали брате дуръ осжмъ змжювя и ги тжрали да ги утряпатъ—ъ, и чуйки майка
хми ни могла да ги крие, зградила хми тѣзи гора златни сарал, и ги уставила тамъ да
сждйтъ . тязи три ламии слявали на нжтвотъ, и лю кой заминувалъ, ги изявали и испи-
вали фрятъ-жжйроту, утъ котро подилу вода на царекио градъ, и тъй кюли запустятъ
градъ тъ . Царьо тъ са чудилъ, какъ да утряпе тези ламии, и пратилъ на сжкаде фжрманъ,

лю кой наймис да утрапе тези ламии, на илгу да са и тжхии-те златии сирал, и изъ кеу му дамъ за жйиа мол-та си дъщере, и кю цариюна заждну съ мжие.

Aus A. Dozon, Chansons populaires bulgares inédites. Paris. 1875. 143.

III. Nordbulgarisch.

a) I. Прквын пророкъ ісаіа речі: като щі да сі доврыши свѣтъ тъ, зімлаі каша нѣста и градокі ваши ωтъ огынь щѣтъ да нзгорятъ, мѣста та каши чюжди лодіе щѣтъ да гы нзѣдѣтъ прѣдъ вась, и оставитъ сі дѣщи сішнова като ідна кыща в лозіе зѣмѣ и като врата на вахыча зѣмѣ слышатъ ай, какъ казува тонзы пророкъ, какъ щі да сі скрыши свѣтъ тъ, чивѣ не кажі токо за ткри тъ нитὸ за градокі тѣ, ами слышантѣ, да кы кажа по ідно но ідно: сішнъ що сі зові за чіркокъ та, що то і къ пресліймъ, за шѣа кажі пророкъ тъ: дѣщи сішнока как щі да запустѣі къ крѣаи антихрістоко, за що да речімъ сішнъ нокыи та сі нокыи пресліймъ зові чіркока та ωтъ січькии тѣ пророци дѣмано.

II. Тока казува и на ингаіе то ωтъ матоіа: кога кийнтѣ, да има омраза міжду кась, и да опѫстѣкатъ чіркокви и градꙋвѣ, що ѝ рѣклъ пророкъ даніілъ, кои стоі на мѣсто свѣто. чьтій, да разумѣкышъ тогіва, що то има гаци міжду ткріѣ тѣ, та щѣтъ да вѣгатъ къ горіѣ то и по планиніи то ωтъ зло антихрістоко. тогіва щі антихрістъ да сі наречі сам сѝ си: азі самъ господъ. дѣто щі да опꙋстіи правідни тѣ, и щі да стані на мѣсто свѣтὸ, да примісли, прѣсліймъ. тачі тогіва щі да помислы, да стані по голѣмъ ωтъ вога. ω нѣфнлітъчі и нѣпочьтѣннича, тὸи сѣка, чі щі да дрьжи царство то сі за мнйго, а нѣ знаі, чі щі скоро да лѝуа ωтъ шего. таккази равота щі да стори ὀнѣзи нечѣстивыи антихрістъ. тогіва кὸи има в тозіі крѣмъ достонъ, да влѣзі къ царство нивѣсное, кὸи щі да познаі, тогіва оногὸва лѣжа, та да новѣгни. като щі да сꙋвірі січки тѣ ді́аволе, да мꙋ сѫ войскꙋ въ образъ чачьскыи, и щі да сі напраки кизіре и паиіі и кадіе и воивόды и сꙋваши и слꙋгы и цѣлѣтѣ. сі ді́аволе по січькии тѣ мѣста и градꙋвѣ сі шегова лодіе, и ὀиіа ткрі щѣтъ да гὸ омразѣтъ, кὸи то го сꙋ стόрнлі цара. а тὸи щі да сі расрьди на тѣхъ, та щі да ги послідꙋва грόзнѣ като взъ лиці и срьдітъ. а дрόгаа мисль ни мислѣкиш, ами токὸ мислѣкии ката дьнь ката час, какъ да лѣжі лодіе тѣ. тогіва щі да вйкни з голѣмъ гласъ на січькии тѣ лодіе: слышантѣ січькы, що има тѣка лодіе, малы и голѣмы, и січькии рідꙋокі и изыци, кόлька і мόа та ткость и сила, и кόлько кѣрꙋ и зѣмаи дрьжа́, та имъ самъ цара, кὸи щі дὸ цара. съсь мѣнѣ да сі вий, кὸи ѝ тонзи цара, дѣ то сі нѣ вόи ωтъ мѣнѣ? и акὸ щѣтѣ, да кийнтѣ сегà знаміиіи и чюдо. да вы стόра . тогіва тόнзы час річі на дркѣіѣ то, та станѣху ωтъ планинѣ та. и ωтидόха січькии тѣ въ морѣ то, да хόдѣтъ по сꙋхо като по зѣмаіа . и стόри тόнзи час січько то. като річі, и ѝтьнь свѣде ωтъ нѣбі то, дьнь стόри на нόщь а нόщь на днь . що да дꙋмамі мнйго ! токὸ що помислі. а тὸн стόри, зѣмѣ да гὸ вѣрꙋкатъ.

Aus bulg.-lab. 108 Blätter in 4. Wahrscheinlich aus dem XVII. Jahrhundert, der k. k. Lycealbibliothek in Laibach gehörig, V, 3. Nr. 21. a. Der Codex, am Anfang und am Ende defect, enthält второ пришьствіе 1—45; von anderer, etwas jüngerer Hand: Leben des heiligen Georg 46—74. Николаи мурилинкіискаго чюдотворца 75—96 a. Житіе Пітъкы трьновскыи 96 b.—103 a. Слово свѣтго отца нашего Іωанна златоустаго 103 b—107 b. Unecht: der Inhalt ist ähnlich dem des serbischen Volksliedes: Najden Simeun 108. Слово свѣтго ѝω златоустаго. О злыхъ женахъ. Die Handschrift, einst Eigenthum von B. Kopitar, wurde von mir für das Lexicon palaeoslovenico-graeco-latinum benützt. Herr VI. Lamanskij hat umfangreiche Auszüge daraus im Žurnalъ ministerstva narodnago prosvěščenija, Band 143 (348—378), 144 (84—123), 1869, veröffentlicht. Noch umfangreicher sind die von I. I. Sreznevskij dem

Otčetъ o pjatnadcatomъ prisuždenii nagradъ grafa Uvarova. Sankpeterburgъ. 1874. aus
V. Lamanskij's Abschrift einverleibten Auszüge 165. 166. 329—358: beigegeben ist ein
Facsimile. V. Lamanskij und I. I. Sreznevskij haben ihre Texte sammt Accenten abgedruckt: ich bemerke, dass die Betonung des bulg.-lab. mit der von Cankof auffallend
übereinstimmt: *carúvašь. desníca. edъvámъ. glúpavo. gnusotá. godíni. gorъčeviný. gostí. gradíny.
grъdí:* aslov. *grądí. hitryní. kázuvamъ. koléno. konьcь. lesniná. lěvíca. maslíny. namêrjuvaha.
nopoí. nasýtjuvašь. polovína. rábota. slugúvatъ. sъvêšuva. úlica. veselbá. visóko. vêruva. zъmiá:
zçmijá* serpens. Man beachte auch *nápokonъ. ná zemlja. pódobrê:* doch auch *mesó,* bei
Cankof *méso.* Ich habe diese Übereinstimmung hervorgehoben, weil das Bulgarische
in verschiedenen Gegenden verschieden betont wird.

    b) Чловѣшкн ѥзнкъ та ѥ поѥдовнтъ от[к] змнѣнъ, што то ҳаѥ: зашто змнн кѵга ҳапѥ нлн по-
грѣшн, сѧчнна ѭтъ своѧ нсъфркли, а зилнмѵ члокѥкѵ ѩзнка ѭтъ своѧ држнн ѵ сѥбѥ сн. подобрѥ ѥ, да
са возннь ѵ пробнто корнто нежѥлн на зла жѥна да казѵвашь на срьцѥ то сн покрнтн дѵмн, за
нто пробнто корнто ѥдного члокѥка ѕдакн, а зла жѥна на много ҳоро жнкота затрнка. зла жѥна
надь мрьткаго мѫжа своѥго плачѥ, а за дрѵгого мнсли. лѣннкъ члокѥкъ та ѥ по зло отъ колѥзнь,
зашто колѥзнь лѥжн н нѥ ѩдѥ, лмн молн кога за здравѥ; а лѣннкъ лѥжн н ѩдѥ, а кога нѥ молн.
ако штѥшь, члокѥчѥ, да сн докарь, драголюбѥнь отъ сѧчкн тѥ, тон да тн бѫдѥ ѩзнка твоѧ слатко-
дѵмлнкъ н рацѥ тѥ ткон подалнкн.

    Aus Starine jugoslavenske akademije. VI. 32. Der Aufsatz ist zu Anfang des vorigen
Jahrhunderts geschrieben und von St. Novaković herausgegeben.

    c) Много пѫтн н м[ѣ]сеца тъ н звѣздн тѥ дѵматъ къ когѵ: господн божѥ, що-то сѧчко дрь-
жншь, тн ѥсн дала намъ, да скѣтнлъ нощіа, та нѥ можнмъ кѣкѥ да глѥдалн кѵрвество, кръкн
проліаніѥ, кражбн, подкодство, що-то стрѵвать члокѣцн тѥ по скѣтъ тѥ; лмн дан нам[ъ] тѥстнръ
сѥга но наша снла, да са затрнѭтъ ѡтъ зѥмлѭ та за ѥдннъ часъ, да познаѩтъ сѧчкн, отн сн тн
ѥдннъ господь когъ. н тѣмъ дѵдѥ гласъ, н рѥчѥ нмъ: азъ тѵзн сѧчко знамъ, н око моѥ сѧчко сапѥ-
касѵка, н ѵҳо моѥ сѧчко чѵѥ, алн ѥ срьдцѥ моѥ докро, та гн чакамъ, дѵ дѥ са окрьнатъ на покаѩніѥ;
ако лн сѥ нѥ окрьнатъ, н азн ща до, та нмъ ща сѫдн но тіаҳна та работа.

    Aus Starine jugoslavenske akademije. IX. 262. Das Stück stammt aus der ersten Hälfte
des XVII. Jahrhunderts und wurde von V. Jagić veröffentlicht.

    d) Слово ради самовилы и бродницы и магесницы и ѡбаалницы. самовилы и бродницы
и ѡбаалницы. тіа са антихрстови оученицы, и конто ходать на ныхь, на врага се покла-
нѩѫ, и заннсѥе гы врагь и онь да са негови. и не имать дрѵги грѣхь погоблемь и поте-
жокь ѡт(ь) вси грѣхопе. ѡт(ь) тоа грѣхь многѵ досадно есть богѵ, понеже аще кой сотво-
рнть блѫдь, паки кает се и плачеть, и моли се богѵ, да го просты, такожде и ѵбнйца и
пьсн грѣшны, скорѵ акѵ можешь, да се се покаешь, понеже неси се ѡтрекаль ѡт(ь) бога.
а конто ходать на самовнли и на бродницы, на магесницы, на залаганѣ, на балнѣ, тиѩ
в'сн ѡтрѣчать се ѡт(ь) хрста. и тогай пойдеть на самовнли, тако зректь: господи, ѡт(ь)
тебе нн єдна помощь, и не можеть, да помогнешь намь. ѡ велика хѵла на бога! тако
ѡтрицают се ѡт(ь) бога, и потапчеть чѣтнаго крѣта и весь хрстіапскы законь. и тогда пой-
дать, ѡт(ь) врага да нщать лекь. и оуслишнте, да разѵмеете колнко есть досадно богѵ,
конто нскать ѡт(ь) врага лекь.

    Aus Памятники болгарскаго народна творчества. Выпускъ I-й. Собралъ В. Качановскій.
Seite 22. Das Stück stammt aus dem XVIII. Jahrhundert.

e) 30. Нѣкој човѣк слазеше от Јерусалим и Јерихон, и падна и хајдуни, који-то го соблѣкоха, и биха го, остависа го половина мртов, отидоха. 31. и се згоди, нѣкој свеште- ник слазеше по тоја паћ, и видѣ го, и замина. 32. така исто то и левит прохождал по това мѣсто, дојдѣ, видѣ го, и замина. 33. а нѣкој самарјании јахаше по тоја паћ, и дојаха код него, и кату го видѣ, разжали се. 34. и отиде при него, и повряа му рани те, лејеше от горе масло и вино, качи го на добитоко си, и отнесе го и крчмарница та, и грижеше се за него. 35. на утре то кога си појдѣ, извади два гроша, даде на крчмаре, и вели му: бриин се за тоја човѣк, и што би за него потрошил, ја кога се врна, ће ти заплате.

Lucas XV. 10. Нѣкој човѣк имал два сина. 11. и рече помладија от них на башта си: оче! дај ми дело от имане то, што ми се иде, и раздели им имане то. 12. и не по много врѣме собра сичко малкија син, и отиде на далечна страна, и там расипа имане то живѣћи беспатно. 13. кога сичко расипа, се згоди по таја страна јак глад, и тој почѐ да трпи нужда. 14. и отиде, та се прилепи при едного човѣка от тија в таја страна, и тој го прати на села та му, да пасѣ свиње. 15. и жалеше да насити корему си от козироди те, што ту јадѣха свиње то, ама нико и му не даваше. 16. дојдѣ на себе си, вели: кол- цина оцаненици при башта ми насиштаја се хлѣб, а ја от глади умирам. 17. ће стана, та ће ида при башта ми, и ће му река: оче! згреших на небо то и пред тебе. 18. и веће не сам достојен, да се називам син твој, напран ме като једнего от твоји те оцаненици. 19. и стана, појдѣ ках башта си, и оште далеко тој бѣше, загледа го башта му, и умилѣ му, и потрчѐ, падна на шија та му, и целува го. 20. а синомо му вели: оче! згрѣших на небо то и пред тебе, и веће несам достојен, да се називам син твој. 21. башта та рече на слуги те си: изнесѐте нај хубава та дреха, и облечѐте го, наденѐте му прести на рака та и ботуши на ноѕѣ те. 22. угојено то теле доведѐте и заколѐте го, да јадеме и да се веселиме. 23. понѐ тоја ми син бѣше умрѐл и ужинѐ, загубил се бе и најде се. и почеха да се веселеја. 24. и постаранија му син бѣше на село то, и кату идеше на близи дома, чу пѣсни и игри. 25. и повика једнего от момчета та, питаше го, што ле би било това. 26. па тој му рече: понѐ да си дојдѣ брат твој, башта ти закла угојено то теле, зашто го је здрав дочекал. 27. тој се разгневи, и не ћеше да влѣзе, тога излѣзе башта му, и молеше го. 28. на тој отговори на башта си, вели: ето ја тебе толкова лѣта работе, и никога не преступих твоја та заповест, но ти никога не даде ми јаре, да бих се и ја с моји те дружина развеселил. 29. а сега, кога тоја твоја син, што изѐде имане то ти с курви те, дојдѣ, заклал му се угојено то теле. 30. на тој му рече: синко! ти сѣкога с мене си, и сичко то моје твоје је. 31. требуваше, да се развеселиме и разраду- ваме, зашто тоја ти брат умрѐл бе и ужинѐ, загуби се, и најде се.

Оче наш, што си на неба та, да се свети име то ти, да дојде царство то ти, да биде воља та ти кату на небо то така и на земја та, хлѣбо наш катадиевнија дај ни днеска, и остави нам наши те дъжности, кату и нија што оставеме на наши те дъжници, и не мој навожда нас на искушеније, него избави нас от злија.

Aus Vuk Stevanović, Dodatak k sanktpeterburgskim sravniteljnim rječnicima sviju jezika i narječija, s osobitim ogledima bugarskog jezika. U Beču. 1822. Seite 33.

f) Luc. 24. 13. I éto dváma ot têh otívahъ v tója den na ednó selo, kojé-to bêše dalêč ot Jerusalím šéjset stádi, s ímc Emaús (ímc to mu Emaús). 14. I tíja hortúvahъ poméždu si za síčki te tíja ráboti, što-tó sa slučíhъ. 15. I kató hortúvahъ tíja i sa popítvahъ, sam si Jisús sa približí i vъrvéše s têh. 16. I têhni te oчí sa državhъ (primrežvahъ).

da go ne poznájьt. 17. I réče im: kakví sъ tíja dúmi, za kojí-to sa popítvahte edín na drúgi, kató vrvíte, i ste navъseni? 18. I otgovóri edín, komú-to íme to bêše Kleopa, i réče mu: ti li si samíčьk čuždínec v Jerusalím, i ne si razumêl oníja ráboti, kojí-to sa slučíhъ tam tíja dni? 19. I réče (otgovóri) im: kojí? a tíja mu rékohъ: oníja, što-tó bêhъ za Jisúsa Nazarín, kój-to bêše edín mъž prorók sílen sъs rábota i sъs dúma pred Bóga i pred síčki te hora, 20. i kaktó go predádohъ arhieroji te i golêmci te náši na osêdvanije na smrt i raspnъhъ go. 21. A níja sa nadêjêhmi, če (či) je toj onja, koj-to šte otrъvé Izrailítene te, nъ i sъs síčki te tíja raboti tréti den je tója dnes, ot kaktó sa slučíhъ tíja. 22. Nъ i nêkoji žení ot náši te ni upláših ъ, kojí-to otidóhъ ráno na grobê t, 23. i kató ne namêrihъ umêrlijъ t, dojdóhъ i dúmahъ, za što i ángeli te vidêli, kojí-to kázuvъt (kázuvat), če je žív. 24. I otídohъ nêkoji ot náši te družína na grobê t, i najdóhъ taká, kakvó-to i žení te kázuvahъ, a négo sъêtijъ t ne vidêhъ. 25. A toj im réče: o bezúmni i mŕzelivi sъs srcé, za da vêrvate za síčki te oníja ráboti, kojí-to sъ rékli proroci te; 26. ne trébuvaše li, da istégli tíja Christós, i da vlêze v sláva ta si? 27. I kató načnê ot Mojséa i ot síčki te proróci, propóvêdvaše im ot síčki te pisa-nija, kojí-to sъ zarádi négo. 28. I približíhъ se do seló to, v kojé-to otívahъ, a toj sa pristrúvaše, če otíva po daleč. 29. I prikánvahъ go i dúmahъ: prenoštúvaj s nas, či nad véčer je smŕknъlo, i preminъl se je denê t; i vlêze s têh, da prenoštúva. 30. I kató sednê s têh i kató prijé hlêb, blagosloví go, i kató prečúpi, dávaše im. 31. A têm sa otvoríhъ togáva oči te, i poznáhъ go, i toj bê nevíden togáva têm. 32. I rékohъ poméždu si: ne gorêše li náše to srce v nas, kogá to dúmaše nam po pъtъ t, i kato kazuvaše ni pisánije to? 33. I kató stánъhъ tója čas i vъzvfrnъhъ sa v Jerusalím, i na-mêrihъ sъbráni edinajset i drúgi te, kojí-to bêhъ s têh. 34. Koji-to hortúvahъ, či na ístina vskrsnê góspod i se javí na Símona. 35. I tija kazáhъ oníja ráboti, što-to bêhъ po pъtъ t, i kъk go poznáhъ, kogá-to prečúpvaše hlêbъ t.

Die hier mitgetheilte Übersetzung rührt von einem Bulgaren her.

g) Luc. 24. 13. Два отъ тѣхъ бѣха ѿтиваха въ тос'к дѣнь въ село, кое-то ѿстоѧвлш шийсе стадій ѿтъ Іерѣсалима, кое-то име то Е҆ммаѫсъ. 14. и тѣꙗ хортѣваха помеждѣ сй за сичкн те тѣсъ, които са слѣчиха. 15. и было като хортѣваха тꙑ и са попꙑтꙑаха, и сам сй Інсѣсъ са приближй, ꙗ́даше съ тѣхъ. 16. и очй те тѣхнꙑ са держа́ха, да го не познаѧ́тъ. 17. и рꙗ́че имъ: ꙗ̑ꙋ̀ сѧ тѣсъ словеса́, за кой-то са попꙑтꙋахте помеждѣ сй, кꙗто влрꙗ́хте, и стꙗ пꙗчалнꙑ? 18. а като ѿтговори един, комѣ-то име то Клеопа, рꙗ́чи мѣ: тꙑ единъ лн сй принꙗ̀лец во Іерѣсалима, и не зна́ꙗш сто́ранн те въ нꙗго къ дꙗнꙗ те тѣсъ? 19. и рꙗ́че имъ: какꙗн? а тꙑ мꙋ рꙗ́коха, кой-тꙗ за Інсѣса назара́нина, кой-то кꙗлъ мꙗжъ проро́къ, сꙗленъ въ на́права та н съ слово то пред Бога и пред сꙗ́чкн те хора, 20. кꙗкъ го предадоха архиꙗрей те и кнѧ́зꙑ те на́шн на ѡсѣжда́ние на смꙗ́рть, и расꙗ́наꙗха го. 21. а нꙗн са надꙗ́вꙗꙗ̀хме, чй тосъ ꙗ̀: кой-то ꙵꙗ да изба́вн Ісра́нлꙗ. но и надъ сꙗ́чки те тꙗ́съ тре́тꙗй тосъ дꙗ́нꙗ има днꙗ́съ, ѿтъ кога́-то тꙗ́съ бꙗ́ха. 22. но и жꙗнꙗ нꙗ́кон ѿтъ на́шн те ѡꙋ̑пла́шꙑ̑ха нꙗ́, кꙗн-тꙗ бꙗ́ха ра́нꙋ ѡꙋ̑ гроба, 23. и катꙗ не наꙗкꙗ́рꙗꙗ̀ха тꙗ́й, кꙗктꙗ и женꙗ те рꙗ́коꙗꙗ̀ха, а саꙗꙗ̀гꙗꙗ̀ нꙗ ꙗꙗ̀дꙗꙗ̀ха, и кꙗ́мꙗꙗ̀ꙗꙗ̀ꙗꙗ̀тꙗꙗ̀ꙗꙗ̀ (чй ꙵꙗ жꙗꙗꙗ̀въ). 24. и ѿтидоха нꙗ́кон ѿтъ нꙗ́съ дꙗ гро́ба, и наꙗмꙗ́крꙗꙗꙗ̀ха тꙗ́й, кꙗктꙗ и женꙗ те рꙗ́коꙗꙗ̀ха, а саꙗꙗ̀гꙗꙗ̀ꙗ нꙗ ꙗꙗ̀дꙗꙗ̀ꙗꙗ̀ха. 25. и тꙗ́й ꙗꙗ́чꙗꙗ̀: ꙗꙗ̀ неꙗꙗ̀смꙗꙗ̀слꙗꙗ̀ꙗꙗ̀ꙗꙗ̀нꙗꙗ̀й н кꙗ́снꙗꙗ̀н съ сꙗꙗ̀рꙗꙗꙗꙗꙗ̀ꙗ то, дꙗꙗ̀-то дꙗ вꙗꙗ̀рꙗꙗꙗꙗ̀вꙗꙗ̀ꙗꙗ̀те за сꙗ́чкꙗꙗ̀ н те, кꙗꙗ̀н-то дꙗꙗ̀ꙗꙗ̀мꙗꙗꙗꙗꙗ̀ꙗꙗ̀ха проꙗꙗ̀рꙗꙗꙗꙗꙗ̀цꙗꙗꙗꙗ те. 26. не тꙗ́съ ꙗꙗ̀ꙗꙗ̀лꙗꙗꙗ̀ꙗꙗ̀ꙗꙗ̀чꙗꙗ̀нꙗꙗꙗꙗ̀ꙗꙗ̀ꙗꙗ̀ꙗꙗ̀ на Хꙗꙗꙗꙗꙗ̀рꙗꙗꙗꙗꙗ̀сꙗꙗ̀тꙗꙗꙗꙗꙗꙗ̀ꙗ дꙗ поꙗꙗ̀сꙗꙗꙗꙗꙗ̀рꙗꙗꙗꙗꙗ̀дꙗꙗꙗꙗꙗ̀, и дꙗ вꙗꙗꙗꙗꙗꙗꙗꙗꙗꙗꙗ̀зꙗꙗ̀ꙗꙗꙗꙗꙗ̀ въ сꙗꙗꙗꙗꙗꙗꙗꙗꙗꙗ̀лꙗꙗꙗꙗ̀вꙗꙗꙗ та свꙗꙗꙗꙗ̀ꙗꙗꙗ. 27. и кꙗꙗ̀тꙗꙗꙗꙗꙗ̀ꙗ пꙗꙗꙗ̀чꙗꙗ̀ ѿтъ Мꙋꙗꙗ̀сꙗꙗ̀ꙗꙗꙗ̀а и ѿтъ сꙗꙗꙗꙗ̀чꙗꙗꙗꙗꙗꙗꙗꙗ̀кꙗꙗꙗꙗ те проꙗꙗꙗꙗ̀рꙗꙗꙗꙗꙗꙗꙗ̀цꙗꙗ, кꙗꙗꙗꙗꙗꙗꙗ̀зꙗꙗꙗꙗ̀ꙗꙗꙗꙗ̀ꙗꙗ̀нꙗꙗꙗꙗ̀ꙗꙗ̀ꙗꙗꙗꙗꙗꙗꙗ̀ꙗꙗꙗꙗꙗꙗꙗ̀ ꙗꙗ̀ꙗꙗꙗ̀ꙗꙗ̀ ѿтъ сꙗꙗꙗꙗ̀ꙗꙗꙗꙗꙗꙗꙗ̀ꙗꙗꙗꙗꙗꙗ те ꙗꙗ̀нꙗꙗꙗꙗꙗ̀сꙗꙗꙗꙗꙗ̀нꙗꙗ̀ꙗꙗ̀ꙗꙗ̀нꙗꙗ̀ꙗꙗꙗꙗ, кꙗꙗ̀ꙗꙗꙗ̀-то бꙗꙗꙗ̀ꙗꙗ̀ꙗꙗ za нꙗꙗ̀ꙗꙗꙗꙗꙗ̀ꙗꙗ̀ꙗꙗꙗꙗꙗꙗ. 28. и прꙗꙗꙗ̀бꙗꙗ̀лꙗꙗꙗꙗꙗ̀ꙗꙗ̀ꙗꙗ̀жꙗꙗ̀ꙗꙗꙗꙗꙗ̀ꙗꙗꙗꙗꙗ̀ха сꙗꙗ̀ дꙗ сꙗꙗꙗꙗꙗ̀ꙗꙗ̀лꙗꙗꙗꙗ̀ꙗꙗ̀ то, кꙗꙗꙗꙗ̀ꙗꙗꙗꙗꙗꙗꙗꙗꙗꙗ̀-то ѿтꙗꙗ̀ꙗꙗ̀кꙗꙗꙗꙗꙗꙗꙗ̀ꙗꙗꙗꙗꙗꙗ̀ха, а тꙗꙗꙗꙗꙗꙗꙗꙗꙗꙗꙗꙗꙗꙗꙗꙗ̀ꙗꙗ̀й сꙗꙗ̀ стꙗꙗ̀ꙗꙗ̀ꙗꙗ̀вꙗꙗꙗꙗꙗꙗ̀ꙗꙗꙗ̀нꙗꙗ̀ꙗꙗꙗꙗ, дꙗ ѿтꙗꙗ̀ꙗꙗꙗꙗꙗꙗꙗꙗꙗ̀ꙗꙗ̀кꙗꙗ̀ꙗꙗ но далѣчь. 29. и прикапкаха го, и думаха: остани съ насъ, чи надъ вечеръ і, и приминалъ са і дина. и влѣзе съ тахъ, да приноцувка. 30. и было, като сѣдна съ тахъ, и като прій улѣсъ, благословий, и като пречюпи, даваше имъ. 31. и откриха имъ са очи те, и познаха го. и той невидинъ былъ тамъ. 32. и рѣкоха помеждꙋ си: не бѣ ли сардце то наше горѣше къ насъ, кога то думаше намъ по пата, и катꙋ казкаше намъ писанін те. 33. и като станаха въ тосъ часъ, возварнаха са во Іерꙋсалимъ, и намѣриха собраны единайсен те и кой-те бѣха съ тахъ. 34. кои-те думаха, чи во истинна стана господь, и са ивіі на Сімꙋна. 35. и тьі казкаха, кой-то бѣха по пата и какъ са позна тамъ въ пречюпканіе то на хлѣба.

Abgedruckt in B. Kopitar's Glagolita Clozianus, Seite LI: Новый завѣтъ сіречъ четыри те евангеліи на четыр тахъ евангеліста, прибідены отъ елинскіа на блъгарскіа азикъ, кой то са оупотреблява сегà въ Болгарïа та. Въ Бꙋкꙋрещъ. ашки. (Приходітель Пітаръ Слпвнѡбъ тракининъ.)

h) И ето двама отъ тѣхъ въ сꙑщій-тъ день отивахъ въ село, кое-то са казꙋел Еммаꙋсъ, шестдесеть стадіи далечь отъ Іерꙋсалимъ. И тѣ са разговарахъ помеждꙋ си за вснчко това, що са бѣ случило. И като си приказвахъ и са распытвахъ, приближи и самъ си Іисꙋсъ и керкіше съ тѣхъ. а очи тѣ имъ са ꙋдържавахъ, да го не познаꙗтъ. И речи имъ: какви сꙑ тѣзи дꙋмы, кон-то си приказвате помеждꙋ си, като пꙋтꙋвате, и сте тꙋжни? И отговори единый-тъ на имя Клеопа, и рече мꙋ: токо ты ли си страненъ въ Іерꙋсалимъ, и не знаешь това, кое-то станꙋ въ него тѣзь дни? И рече имъ: кое? а тѣ мꙋ рѣкохъ: за Іисꙋса назаранина, кой-то бѣ мꙋжъ пророкъ, силенъ дѣломъ и словомъ прѣдъ бога и прѣдъ вснчкый-тъ народъ. и какъ го прѣдадохъ наши тѣ първосвѧщенници и началници на осꙋжденіе смьртно, и распахꙋ го. а ный са надѣкахмы, чи той е, кой-то ще да избави Израиля. но при все това тойзи е днесь третій день, отъ както станꙋ това. но и нѣкон жины отъ насъ смаꙗхꙋ ны, кон-то отишлы отзаранꙋ на гробъ тъ, и като не намѣрилы тѣло то мꙋ, дойдохꙋ и казꙋвахъ, чи видѣлы и ивленіе на аигелы, кон-то казꙋвали, чи той е живъ. и нѣкои отъ наши тѣ отидохꙋ на гробъ тъ, и намѣрихꙋ тъй, както и жины тѣ рѣкохъ, а него не видѣхъ. и той имъ рече: о безꙋмни и кѣсни на сьрдце, да вѣрвати все, що е речно отъ пророцы тѣ! не трѣбаше ли това да пострада Христосъ, и да влѣзе въ славꙋ тꙋ си? и като начнꙋ отъ Моисеа и отъ вснчкы тѣ вснчкы тѣ пророцы тълкꙋваше имъ писано то за него во вснчкы тѣ писаніа. и наближихꙋ до село то, дѣ-то отхождахꙋ. и той са пристрꙋваше, чи отива по далечь. и понꙋдихꙋ го и казꙋвахъ: остани съ насъ, за що-то е при вечеръ и день тъ прѣвали. и той влѣзе, да остане съ тѣхъ. и като сѣднꙋ съ тѣхъ на транѣза тꙋ, зѣ улѣбъ тъ и благословен и прѣломенꙋ даваши имъ. и тѣмъ са отворихꙋ очи тѣ и познахꙋ го. а той станꙋ невидимъ на тѣхъ. и рѣкохъ помеждꙋ си: не горкꙋи ли въ насъ сьрдце то ни, кога-то къ пꙋтъ тъ ни приказꙋваше и тълкꙋваше ни писаніа та? и станꙋхꙋ въ истый тъ тойзи часъ, та са вьрнꙋхꙋ въ Іерꙋсалим, и намѣрихꙋ събраны единадесете тѣ и тѣзи, кон-то бѣхꙋ съ тѣхъ. кон-то и казвахꙋ, чи на истинꙋ въскрьснꙋлъ господь и ивилъ са Сімонꙋ. тѣ пакъ приказꙋвахъ това. кое-то станꙋ въ пꙋтъ тъ и какъ го познахꙋ, кога-то разчюпвахꙋ хлѣбъ-тъ.

Aus Новый завѣтъ. Царнградъ. 1866.

i) Стꙋан чичꙋ си дꙋмꙗши: | чичо-льо, чичо Иванчо, | iа даі ми пꙋрй нꙗ-зани, | дистинꙋ гроши, двꙗнаісн, | дꙋ си биꙋꙗн пꙋткꙋвꙋ; | тешкꙗ кирію нꙗткꙋрих, | дꙋр иду чичо, дꙋр додꙋ. чичꙋ мꙋ вꙗрнꙋ дꙋмꙗши: | стꙋꙗне, момче братꙋꙋ: | аз нꙗмꙗм пꙋрй нꙗ-зани, | аз iꙋлꙗм пꙋрй сꙗс фꙗідꙗ, | сꙗс фꙗідꙗ, хꙗлꙗи, сꙗс зꙗлок. | ти имꙗши вꙗлчи убꙗкꙋꙋ, | ꙗкꙋ си вꙗлчи зꙗложиши. | давꙗм ти пꙋрй нꙗ-зани, | стꙋꙗнꙗм млꙗгꙋ дꙗвꙗцꙋ, | чи си стꙋꙗн зꙗплꙗкꙗꙗ, | чи са ꙋ тꙗꙋ зꙗплꙗдꙗꙋ: | аисн биꙋꙗн извꙗдꙗ, | чи си биꙋꙗн прꙗдꙗдꙗ, | дꙗ быꙗꙋ нꙗштꙋ зꙗ млóгȣ, | зꙗ нднꙗ пȣшкꙗ воілȣѥ, | чн сн пȣшкꙗ тꙗ нꙗрдмн, | ȣ чнчȣꙗн сн ȣтйдн, | н нꙗ чнчн сн дȣмꙗшн: | чнчо·лꙗо, чнꙗчо Нкꙗнчо! | іазн сн кȣлчн дȣкідȣȥ, | дꙗ тн-і зꙗлóк зꙗлóжн | зꙗ діснтꙗ гро́шн, дкꙗнꙗісн. | дȣді сн стȣꙗн нздȣмꙗ, | чн сн пȣшкꙗ тꙗ нзпрíгнꙗл, | чн-і чнꙗчн сн іȣдꙗрнл, | н нꙗ чнꙗчн сн дȣмꙗшн: | нꙗ тíкн пꙗрн сꙗс ȥꙗідꙗ, | нꙗ тíкн кȣлчн зꙗ зꙗлóк, | дꙗвꙗм тн пȣшкꙗ зꙗ зꙗлóк.

Aus Пꙗрнодннꙗско спнсꙗннꙗ. Годннꙗ I. VII. VIII. Брꙗнлꙗ. 1873. 107.

Dritter Theil. Vorschlag zur Lautbezeichnung.

Die bulgarische Sprache hat 27 einfache oder als solche geltende Laute, welche nach meiner Ansicht durch die hier verzeichneten Buchstaben ausgedrückt werden können.

a) Vocale: а, е, н, о, у, ъ, ѣ.

b) Consonanten: р, л, н; т, д; п, б, в, ф, м; к, г, х; ч, ж, ш, ј; ц, з, с.

Da die hier angeführten Laute von Anderen anders bezeichnet werden, so versuche ich im Nachfolgenden meine Bezeichnung zu begründen, wobei mir die Absicht, eine für Andere massgebende Regel aufzustellen, ferne liegt. Ich spreche hier die Grundsätze aus, die mir zweckmässig scheinen, dabei gehe ich von der Überzeugung aus, dass die phonetische Schreibung im Bulgarischen mit voller Consequenz undurchführbar ist und dass bei den Abweichungen von dem phonetischen Princip die anderen slavischen Sprachen berücksichtigt werden müssen. Die grosse Verschiedenheit in der Schreibung, der Umstand, dass wohl nicht zwei Schriftsteller die gleiche Orthographie einhalten, berechtigt zu einem neuen Versuche.

а, н, у geben zu keiner Bemerkung Veranlassung.

е wende ich an, wo es aslov. und serb. angewandt wird, daher тѣле, телé, nicht тѣлн, тнлé, nach dem Grundsatze, dass tonloses e wie н lautet: aslov. *telę*. Dasselbe beobachte ich bei о, daher дóдох, додóх, nicht дóдух, дудóх, nach einer analogen Regel: aslov. *doidohъ*.

Die grössten Schwierigkeiten bietet ъ dar, das einen dumpfen, dem u im engl. but nahe kommenden Laut hat. Bei diesem Laute halte ich es für angezeigt, auf dessen Entstehung einzugehen. ъ entspricht 1. dem aslov. ъ: кѣсно, aslov. *kъsno;* 2. aus aslov. ь: пѣстър, aslov. *pьstrъ;* 3. aus aslov. ѧ: пꙗт, aslov. *pętъ;* 4. selten aus aslov. о: гѣлъб neben гóлъб, aslov. *golqbъ;* 5. aus aslov. а, indem bulg. jedes tonlose а zu ъ herabsinkt: слѣткá, слáткъ aus *slatká, slátka:* aslov. *sladъka, sladъkaja;* 6. ъ ist in vielen Fällen ein phonetischer Einschub: мѣдър, aslov. *mqdrъ.* In den Fällen 4 und 5 wende ich den ursprünglichen Buchstaben an, indem ich гóлъб und слаткá, слáткъ schreibe: die Durchführung der phonetischen Schreibung bei dem aslov. а wäre mit den grössten Schwierigkeiten verbunden. In den Fällen 1. 2. 3. und 6. schreibe ich ъ im Inneren der Stämme; sonst wird es durch а wiedergegeben. daher бнја, бнјат, aslov. *bijq, bijqtъ;* плета, плетат, aslov. *pletq, pletqtъ.*

Für *јъ* schreibe ich *ja,* daher мѣтја aus *mъtjъ* und dieses aus *mъtjq,* aslov. *maštq;* ebenso дńнја aus *dъnjъ* und dieses aus *dínja,* aslov. *dynja.*

ѣ schreibe ich, wo es im aslov. steht, daher nicht nur dort, wo es wie *ea,* eigentlich scharf offenes е (è), sondern auch dort, wo es wie е (geschlossenes е), lautet: мѣра mensura, das *meárъ, mèrъ* ausgesprochen wird; мѣpe metior, das *mére, merä* zu sprechen ist. ѣ hat den Laut *ea*, *è* nur dann, wenn es betont ist und demselben in der folgenden Silbe kein heller Vocal и, e, ѣ, sondern ein dunkler folgt. Ich gebrauche demnach ѣ dort, wo es im Altslovenischen steht.

Ausserdem ist noch folgendes zu bemerken.

Aslov. *ije* wird regelmässig zu e zusammengezogen, daher здрáве bona valetudo, aslov. *sъdravije;* нѣрапе, aslov. *lêganije;* шѝтe, aslov. *šitije.* ие̑тe, нит̀е, das in einem älteren Denkmal neben iacтie, шит̀ie, vorkommt, ist die wahre bulgarische Form und nicht *jastje, pitje* zu lesen. Vergl. Cankof 94. *je* in dergleichen Worten ist ein Beweis für Entlohnung aus dem Russischen.

Die silbebildenden Consonanten des altslovenischen *r* und *l* bezeichne ich durch pъ und лъ: връба, aslov. *vrъba;* влъпа, aslov. *vlъna.*

Die nicht sehr häufigen erweichten Consonanten *l* und *n* bezeichne icn durch лj und нj: лjуcпa Schuppe. огъпjo т das Feuer. Man vergleiche пaпjo т cank. 11. гоnедapjo Vuk 50.

Die Laute *t* und *d* bezeichne ich durch die serbischen Buchstaben ħ und ђ: цвѐħe Blumen. ђерђе∓ Stickrahmen, oder durch tj und dj.

Das Zeichen щ wird durch шт ersetzt: штýка Hecht.

Für das auch im bulg.-lab. vorkommende џ (гемeцïю. мaцape. cинцирáть. cицилѣ. целатинь.) wird дж geschrieben.

Der Buchstabe *j* kann im Bulgarischen nicht entbehrt werden.

Aslov. ѧ wird bulg. e, ѫ hingegen ъ: ѧ und ѫ sind daher im bulg. überflüssig.

Der Laut des aslov. ы ist dem bulg. unbekannt, das Zeichen daher überflüssig: рыба, nicht рыба.

ъ, das im russ. keinen Laut bezeichnet und das selbst im russ. über Bord geworfen werden, von einigen schon jetzt als unnütz angesehen wird, ist seiner alten Bestimmung wiedergegeben.

Eine neue Ausgabe der Schrift ‚Salo debeloga jera‘ wäre nicht unzweckmässig. Man meint, das im Auslaute der Wörter vollkommen entbehrliche ъ nehme den siebzehnten Theil des Raumes in russischen Büchern ein.

Meine Schreibung des Bulgarischen nähert sich am meisten der von Vuk angenommenen. Von dieser entfernt sie sich vornehmlich durch den Gebrauch des ъ im Innern der Stämme für ъ und ѫ und die Schreibung pъ und лъ, während Vuk ъ meist nur für silbebildendes l gebraucht und silbebildendes r durch p bezeichnet. Aus der folgenden Gegenüberstellung ergibt sich die Verschiedenheit zwischen der Lautbezeichnung Vuk's und der meinigen.

ѧ, ѫ: Aslov.:	dѫbъ	golѫbь	mѫžь	pѫть	rѫka	zѫbъ
Vuk:	даб	галаб, галъб	маж, мъж	паħ	рака	заб, зъб
Mik.:	дъб	гълъб	мъж	път	рька	зъб

ъ: Aslov.:	dъždь
Vuk:	даж, дъж
Mik.:	дъж

Man beachte Vuk's мртоυ und огъль.

l: Aslov.: dlъžina   dlъžьnikъ   slьnьce
Vuk: дължина   дължник   сънце
Mik.:   длъжина   длъжник   слънце

r: Aslov.: grъbъ   grъlo   srъdьce
Vuk: грб   грло   срце
Mik.:   гръб   гръло   сръце

Man füge hinzu Vuk's рѣж und жубов, деш.

Meine theilweise historische Schreibung bedarf der Vereinfachung, deren Nothwendigkeit mit der Häufigkeit der Anwendung der Schrift und mit der Verbreitung derselben unter der unstudierten Menge immer mehr gefühlt werden wird. ‚Man vereinfache das Schreiben‘, sagt Kopitar ‚es ist ein allgemein nöthiges Werkzeug, also soll es jeder leicht brauchen können.‘ Die Vereinfachung der Schrift liegt in der Ersetzung des ъ durch a in allen Fällen und in der Verdrängung des ѣ durch e. Dadurch wird die Schrift allerdings nicht phonetisch: allein wie viel phonetische Alphabete besitzt denn Europa?

Litteratur.

Arkiv za povjestnicu jugoslavensku. VIII. Bugarski narodni običaji pag. 231.

Bezenšek, A., Ocênenie na bъlgarski tê narodni pêsni. Sofija. 1881.

Bezsonov, P., Bolgarskija pêsni iz sbornikov Ju. I. Venclina, N. D. Katranova i drugich Bolgar. Moskva. 1855. Zwei Bände.

Bezsonov, P. A., Poslovicy in Pamjatniky i obrazcy narodnago jazyka i slovesnosti. I—IV. 1852 bis 1856. 265. 335.

Biljarskij, P., O sredne-bolgarskom vokalizmê. Sanktpeterburg. 1847. 1858.

Bogoev, I. A. (Andreov, Bogorov), Bъlgarski narodni pêsni i poslovici. Pest. 1842.

Bogorov, I. A., Frensko-bъlgarski i bъlgarsko-frenski rêčnik. Vienna. 1869. 1871.

Bulgarisch-deutsches Wörterbuch. Deutsch-bulgarisches Wörterbuch. Sophia. 1881. 1882.

Cankof, A. und D. Kiriak, Grammatik der bulgarischen Sprache. Wien. 1852.

Čolakov, V., Bъlgarskyj naroden sbornik. Bolgrad. 1872. I.

Δανιήλ, Εἰσαγωγικὴ διδασκαλία, περιέχουσα λεξικὸν τετράγλωσσον τῶν τεσσάρων κοινῶν διαλέκτων ἤτοι τῆς ἁπλῆς ῥωμαϊκῆς, τῆς ἐν Μοισίᾳ βλαχικῆς, τῆς βουλγαρικῆς καὶ τῆς ἀλβανιτικῆς. S. l. 1802.

Détinsky svêt. Kniga za četenje v klas. Plovdiv, Svêštov, Solun. 1875.

Dozon, A., Bъlgarski narodni pêsni. Paris. 1875.

Drinov, M., Istoričeski pregled na bъlgarska ta cьrkva. (Braila.) 1869.

Drinov, M., Mittheilungen über das Neubulgarische. Archiv IV. 694.

Drinov, M., Beiträge zur Kunde der neubulgarischen Sprache. Archiv V. 370.

Duhovni glas ali mulitvi kasi. U Szigyidin. 1860. (Vinga.)

Dupničanin, Hristaki P., Razgovornik greko-bolgarskij. V Belgradê. 1835.

Evangjeli te za sâ te nedêli i práznici prez gudina ta. U Timišvár. 1876. (Vinga.)

Gerov, N., Bolgarskij slovarь iu Materialy dlja sravniteljnago i obъjasniteljnago slovarja i grammatiki usw. Das leider Fragment gebliebene Werk reicht bis vlôkъ.

Gerov, N. Ju., Pêsni in Pamjatniki i obrazcy narodnago zazyka i slovesnosti. I—IV. 1852 bis 1856. 397. 417.

Grigorovič, V., veröffentlichte in Kolo, Agram 1847 und in den Kazanskie gub. vêdomosti einige bъl garische Lieder.

Ikonomov, T., Bъlgarska grammatika. Plovdiv, Sofija Ruščuk. 1881.

Iliev, St. P., i Dima V. Hranov, Slovarь francuzkc bъlgarsko-tursky. Rusčjuk. 1868.

Jagić, V., Kako se pisalo bugarski prije dvjesti godina. Starine. Knjiga IX. 247. op. (Opisi i izvodi iz nekoliko južnoslovinskih rukopisa.)